北欧スウェーデン発

科学する心を育てるアウトドア活動事例集

C・ブレイジ　西浦和樹 編訳

五感を通して創造性を伸ばす

北大路書房

TEACHING TECHNOLOGY OUTDOORS
by Carina Brage
Copyright©2012 by Carina Brage.
Japanese translation published by arrangement with
Carina Brage through The English Agency (Japan) Ltd.

アウトドア・テクノロジー教育への期待

川崎一彦
(東海大学名誉教授, ストックホルム在住)

私は2013年に定年退職後, スウェーデンに住んで活動をしています。

ここスウェーデンから見えてくる日本は人口減少, 経済低迷といった, 課題先進国。それに対してスウェーデンは人口増加, 好調な経済といった, 課題解決先進国であり, 経済（生産）, 福祉（分配）と持続可能性（総和）を併存させています。両国の違いが明確すぎて, 日本の将来に危機感を持たざるを得ません。

両国の違いを生み出している背景要因の1つは教育でしょう。

スウェーデンは教育政策を優先しています。イノベーションを生み出す教育により国際競争力のある産業企業を維持し, 福祉国家の維持が可能だ, との考え方です。

アウトドア教育, 起業家精神教育[1], 人生100年時代の生涯教育など具体的なヒントと実例がスウェーデンや北欧には多くあります。

本書『北欧スウェーデン発 科学する心を育てるアウトドア活動事例集―五感を通して創造性を伸ばす―（*Teaching Technology Outdoors*）』にある具体例からは, 以下のようなスウェーデンの教育の特色が見えてきます。

- 自分で考えさせること。正解のない課題, 課題を見つけてくることに挑戦させること。
  北欧の学校ではグルントヴィ以来の「自分で考え, 自分で判断し, 自分で行動する」という思想が浸透しています。

- イノベーション, 起業家精神教育。
  GEM (Global Entrepreneurship Monitor) という起業活動について世界でも最も大規模な調査の最新の調査結果（Global Report 2017/18）によれば, スウェーデン人の起業マインドが先進国中で最も高く, 逆に日本が最下位という結果が出ています。

- チームプレイ, 社会性など21世紀型スキルを養成する包括的な学びであること。
  考えるスキル, コミュニケーションスキル, 日常生活的スキル, 参加および影響力の（民主主義的）スキル, 持続可能な未来を築くスキルなどが志向されています。

著者のカリーナ先生が学ばれ, また教鞭もとっておられるリンショーピング大学では, アウトドア教育を環境教育と健康の結合による持続的な学びと位置づけ, 環境教育, アウトドア活動, 自尊心とチームプレイ（個人の成長, 社会性の発達），

健康（健康とウェルビーイング），持続可能性（持続可能な生活），の5つの分野を扱う包括的なコンセプトを掲げています。

　リンショーピング大学は1975年創設の，半世紀弱のまだ若い大学です。しかしアウトドア教育などは屈指で，学生の就職率でもスウェーデンでトップです。その理由としては，学際的，"テーマ"による学科と学び，PBL（problem-based learning：問題解決学習）などがあげられます。

　日瑞国交樹立150年の2018年[★2]は両国で様々なイベントや交流で盛り上がりました。
　"Beyond 2018"[★3]の挑戦の1つは，日本とスウェーデンが協働してグローバルに普遍的な価値を発信することでしょう。
　アウトドア・テクノロジー教育の分野でも，本書をヒントとして，両国のインタラクティブなコラボによるグローバルな発信に寄与することを期待しています。

【引用・参考文献】
- ★1　川崎一彦「スウェーデンの起業家精神教育」　川崎一彦・澤野由紀子・鈴木賢志・西浦和樹・アールベリエル松井久子（著）『みんなの教育　スウェーデンの「人を育てる」国家戦略』（ミツイパブリッシング，2018）
- ★2　Bert Edström "SVERIGE-JAPAN スウェーデン－日本 150年の友情と協力", Sweden Japan Foundation, 2018
- ★3　http://bit.ly/2EX3UGO

はじめに

西浦和樹
（編訳者）

　北欧スウェーデンのテクノロジー教育にようこそ。
　本書は，北欧の教育に関心があるものの，日本の教育との違いを漠然と感じている読者に向けた内容となっています。最も特色のある教育は，スウェーデンのアウトドア教育です。日本にはない教育方法の1つで，幼児期の子どもにテクノロジーを体験的に学ばせようとする試みです。もちろん，大人でもエクササイズを楽しめます。
　筆者自身がスウェーデン滞在中に，アウトドア教育を行っている就学前学校を訪問したときのことでした。北欧の少数民族のテントが園庭にあって，そのテントの中を見学するように案内されました。子どもたちがテントの中の薪を囲んで，先生の話をじっと聞いていました（写真）。さて，読者の皆さんが保育者の1人だとして，この状況をどのように説明しますか。

　おそらく，日本の保育者の先生方からは「子どもたちはみんな仲良く輪になって，先生の話を聞くことを学んでいるのです」という模範的な回答が聞こえてきそうです。
　しかしながら，スウェーデンの就学前学校を視察すると，必ずと言っていいほど就学前教育・保育要領（Lpfö 98）を見せられ，現在の保育の説明を受けます。そして，「私たちは，子どもたちに民主主義の基本，輪になって話し合う対話の仕方を教えています」という説明があります。朝の集まりを通して，繰り返し対話を行

うことで，対話の形式を習慣化します。対話が習慣化されることによって，保育者は1人ひとりの子どもの声を拾い上げ，意見の一致を図る合意形成の仕方が自然と身につくように保育が提供されているのです。

　ではもう1つ，子育て環境についての質問です。生まれた赤ちゃんは何歳から保育所に預けることができるでしょうか。スウェーデンでは父親も母親も育児休暇が義務付けられています。もう少し説明すると，母親が優先して使う制度ではないため，両親休暇というのが正確な言い方です。では，その両親休暇は何日間取得できるでしょうか。また，その間の給与はどうなっていると思いますか。

　スウェーデンの子育て環境は，子どもの権利が保障されるように手厚くなっています。例えば，教育費は基本無料，父親も母親も取得が義務付けられている両親休暇は480日，しかもその間の390日の給与は80％が保障されています。このため，0歳児は家庭で育児することができるようになっています。実際，スウェーデンの就学前学校の保育者は，最低でも4週間の連続した夏期休暇を取得できます。日本と比較して，1人当たりの名目GDPが1.38倍程度のスウェーデン★1では，しっかり休んでしっかり働くことで経済成長しているのです。ひょっとすると，スウェーデン社会は，日本社会の半分ぐらいの労働で同じ成果を上げているのかもしれません。

　さて，話を子どもの権利についても考えてみます。日本では，0歳児の待機児童問題が取り上げられることが度々あります。しかし，スウェーデン社会から見ると，0歳児が施設に預けられること自体，子どもが虐待されていると感じるようです。ある日本の小児科医の先生とお会いしたときのことでした。日本の0歳児が保育所で突然死するケースがあることを海外の研究者に向けて話題提供したそうです。すると，0歳児を施設に入れること自体に問題があり，日本は子どもの権利が保障されているのかどうか疑わしい，と医療的な原因究明から話題が逸れて，子どもの権利の話になったそうです。現状の日本の子育て環境は，子育て先進国スウェーデンから見て，子どもの権利がないがしろにされているように強く感じます。

　以上の通り，スウェーデンでは，「民主主義や合意形成の仕組み」「子どもの権利に配慮した子育てや働き方の仕組み」といった価値観が社会で共有され，社会的課題を解決する仕組みが整っています。

　そのようなスウェーデンから学ぶべきものとして，自然学校を中心に活動され，その実績が高く評価されたカリーナ・ブレイジ（Carina Brage）氏のテクノロジー教育の実践があります。よく考えられたこの教育方法は，「3つの柱」「5つの領域」「10の姿」★2を一体的に教育できるように工夫されています。

　実際，スウェーデンの国が定める就学前教育・保育要領はシンプルにまとめられています。また，実際の保育で活用できる手引書（マニュアル）が準備されています。本書『北欧スウェーデン発 科学する心を育てるアウトドア活動事例集―五感

を通して創造性を伸ばす―（*Teaching Technology Outdoors*）』は，アウトドア教育の手引書として現場の保育者や教育者に広く活用されています。

　なお，本書の実践事例は，そのままでも活用できますが，その場の状況に合わせて創意工夫することをお勧めします。子どもに関わる皆さんが，子どもたちと一緒に，アイディアやデザインの力で課題を解決することの楽しさを味わい，実践力の向上に挑戦されることを期待しています。

【引用・参考文献】

★1　IMF World Economic Outlook Databeses『世界の1人当たりの名目』
　　http://www.imf.org/external/pubs/ft/weo/2018/01/weodata/index.aspx（2018年7月14日閲覧）
★2　国立教育政策研究所『幼児教育とは：幼稚園教育要領，保育所保育指針，幼保連携型認定こども園教育・保育要領の改訂を受けて』
　　https://www.nier.go.jp/06_jigyou/symposium/sympo_h28/files/05_muto.pdf（2018年7月18日閲覧）

日本語版出版に寄せて

カリーナ・ブレイジ
(Carina Brage)

　本書のねらいは，読者がアウトドアで体を動かして学習するためのツールとアイデアへの理解を深めることです。アウトドアとは，近くの公園や園庭，校庭を想定しています。アウトドアで学習を進めると，五感を刺激するだけでなく，新しい経験や新しい学習スタイルを提供できるのです。

　インドア空間を離れると，新しい観点や新しい経験の機会，アウトドア空間にあるテクノロジーを発見する機会が得られます。簡単なエクササイズを通して，子どもたちはまるで遊んでいるかのように，教科についての新しい観点と経験を獲得することができるのです。本書で紹介するアクティビティは，算数や自然科学，言語といった他の教科にも活用できます。

　グローバル化した世界で，もっと持続可能な学習を進めるために，私たちは現実に向き合い，理論と実践との相互作用を体験しなければなりません。自分の周りの環境とテクノロジーを理解するために，実際にその場にいる必要があるのです。学習プロセスで重要なことは，問題解決，リフレクション（反省），ディスカッション（議論），それからコオペレーション（協力）です。これらの学習要素は，学習がインドアで行われるか，アウトドアで行われるかによって，いくぶん違ってくるように思われます。

　今日，子どもたちは昔よりも運動不足であることが知られています。その理由の1つとして，今日存在するデジタルなテクノロジーの影響が幼少期の子どもの世界にまで及んでいることがあげられます。研究から，人々は動いたり実際に経験することを心地よく感じること，また，人の脳は体を動かすことで最も効率的に働き，ストレスホルモンであるコルチゾールを減らし，病気にもかかりにくくなる，ということがわかっています。運動が健康要因の1つであり，アウトドアで教えることで，いつでもそれを運動を取り入れることができるのです。

　場所に基づく学習（Place based learning）は，都市化した社会で考えられた比較的新しい概念です。ここでいう場所とは，インドアとアウトドアの両方のことで，これら2つの環境が世界と現象を理解するのに最適な相互作用をもたらしてくれるでしょう。アウトドアには壁がありません。そのことによって，教師のリーダーシップに変化が生じます。つまり，アウトドアでどのような授業ができるかという知識を持っていれば，少しは教え方を変えてみようというモチベーションにつながるのです。アウトドアのアクティビティによって，インドアでの学習効果は高まります。

また，逆のことも成り立ちます。学習する場所が影響するのです。

最後に，実践的学習そのものは，新しい現象ではありません。著者として，私は，読者の皆さんに対して，アウトドアでの教え方を少しでもサポートできればと考えています。ヒントの1つとして，「スモールステップで，継続的に取り組むこと」があります。私自身の経験から言うと，子どもたちが最初に理解しにくいと感じるのは，「授業が違った環境で行われ，学びが違ったかたちで生じる」ということです。これは，授業がどのようにあるべきかということについて，学校内でのこれまでのたくさんの学習経験があるからです。あきらめないでください。その壁を乗り越えれば，多くの機会が訪れるでしょう。

▶著者カリーナ・ブレイジ先生の自己紹介

私はスウェーデン出身です。修士（アウトドア教育）と修士（科学）の両方を取得し，アウトドア教育の多くの実践を行っています。また，学校教育の開発活動に取り組み，様々な教科をアウトドアで実施する際にどのように教育すればいいのかについて，多くの教師に指導・助言を行ってもいます。リンショーピング大学では，修士課程の大学院生だけでなく，教員養成でも教鞭をとっています。スウェーデンの学校が学習者に対して，どのように，より高い教育の到達目標を設定すべきかについてのインスピレーションを与える仕事をしています。

また，リンショーピング大学卒業時に，最優秀ティーチング賞と最優秀テクノロジー教師賞をいただきました。現在，小学校の副校長職の他に，国内外で教師教育に尽力しており，アウトドア教育についてのワークショップやセミナーを開催しています。理論と実践について，お互いをうまくつなげていく必要があると考えています。

原著者について

　カリーナ・ブレイジ（Carina Brage）は，2つの修士号を持つ中学校低学年の教諭です。1つ目の修士号は，学校教育に関する自然科学の修士号で，もう1つはアウトドア教育に関する修士号です。彼女は，プレスクールでも働いています。カリーナは，現在，スウェーデンのリンショーピング市にある Calluna utbildning で管理責任者をしています。そこでは，特に算数，テクノロジー＊（technology），サイエンス（science）のテーマに関して，教師がアウトドアで活動するためのヒントを与えることを仕事にしています。彼女は，スウェーデン工業連合（Swedish Engineering Industries）から2004年度の最優秀テクノロジー教諭（Technology Teacher of the Year）として表彰されたことをきっかけに，本書を出版しました。

　彼女のモットーは次の通りです。

　「新たな一日には，新たなチャンスあり」

謝　辞
　イラストを手掛けてくれたケンス・アンダーソン（Kenth Andersson），写真を提供してくれた人々，活動を検討してくれた人々，フィードバックを与えてくれた人々，優れたアドバイスを与えてくれたすべての人々に感謝します。辛いときにも本書の執筆を支えてくれた，私の夫であるホーカン（Håkan）に心から感謝します。

＊　【テクノロジー】意味は，「科学技術」「社会が技術の恩恵を活用する方法」。日本語のテクノロジーは，旧来の伝統的な技術であるローテク（Low-tech）より最先端の技術であるハイテク（High-tech）の意味が強い。しかし，本書で使われているテクノロジーは，ローテクからハイテクまで幅広い意味を持ち，アウトドア教育の実践では，ハイテクの基礎を教えるという意味でローテクを活用した教育実践が中心となる。

序　文

　本書の目的は，教室以外の活動場所でテクノロジーの教育目標を達成するための方法と教材を提供することです。本書の第9章にはアウトドアでの安全に関する章があります。これは筆者が主催する教師トレーニングコースでよく質問されるため，用意しました。予期できないことが起こったときに何をすべきかを知っておくと，安心感が得られます。体全体を動かして，あらゆる感覚を刺激した学習を体験し，実験してみましょう。特に，アウトドア活動がおすすめです。アウトドアであれば，広さが足りないという問題は起こりません。

　本書が，皆さんにとって役立ちますように。そして，あなたがアウトドアで教育するときに，楽しみながら，あなたのテクノロジーへの考え方を変えられますように。

導　入

本書はなぜ必要なのでしょうか

　年間最優秀テクノロジー教諭の称号をいただいたことをきっかけに，『Teaching Technology Outdoors』という本を執筆しようと決めました。その当時，中学校（義務教育の最後の3年間で，7〜9年生）で働いていましたが，アウトドア教育での活動のための方法や発想，教具を自分が持ち合わせていないことに気がつきました。アウトドアでテクノロジーの授業方法に関する本があればよいのにな，と考えました。教師は十分に授業案を立てるだけの時間がありません。そのため，一歩踏み出すためのサポートが必要になると筆者は感じています。

　本書が，アウトドアでテクノロジー教育を実践するための実践書になればと考えています。

　筆者は，アウトドアでの授業がしやすくなるように，教授法に多くの努力を費やしてきました。皆さんは，インドアの授業の準備だけで十分で，アウトドアでの授業のために特別な準備をすべきではありません。アウトドアの授業は，誰でも参画できるように，簡単で使いやすくあるべきです。授業の大半が自然の中だけではなく，学校や校庭の近くで行えるでしょう。

アウトドアで学習することの長所

　現代社会では，人は自然からはるか遠く離れた場所にいます。テクノロジーと産業が発展したおかげで，私たちはもはや生活基盤を自然に委ねなくなりましたが，実際には，常に自然とそこからもたされる自然エネルギーに依存しているのです。

　アウトドアに費やす活動と時間によって，教師と子どもの健康と幸福感（well-being）が改善されます。活動そのものが，アウトドア学習のごく自然な一部なのです。アウトドア環境のおかげで，子どもも教師もいつもと違った一面が見られるでしょう。アウトドアで継続的に活動すると，ストレスに関連した病気や，他の健康問題を減らすこともできます。アウトドアで授業を行うと，その日の睡眠がとれるようになり，ストレスや病気を減らしてくれるでしょう。アウトドア活動では，多くの子どもに様々な役割が与えられるので，口論や多動も減り，活動のエネルギーをアウトドアで生かせる機会にもなります。私たちの体は活動するようにつくられています。石器時代から現在まで，私たちの体にはそれほど大きな違いはありません。

習慣を変えるには時間がかかります

　子どもや教師仲間，親たちにとっては，インドア空間をアウトドア空間に移して活動するのに時間がかかります。筆者が担当する子どもの多くは，「自由時間だからアウトドアで自由に過ごす」と考えていました。中学校で教えていたときに，筆者はこの信念を変えるというプロセスに多くの努力を費やしました。アウトドアでの授業が他の授業と何ら変わらないことを子どもが理解するのに時間がかかったのです。このような姿勢は何も子どもに限ったことではありませんでした。ある同僚の教師は，「アウトドアで走り回っていたら，教室と同じように，授業の目標に到達できないではないか」と感じていました。親も子どもも多くは，どの授業も教室の中で教科書を使って学習するものだと信じきっています。筆者の授業を受けた子どもたちが，家に帰ってから「授業中に自由時間があった」と言ったのでしょう。それを聞いた両親が心配になってしまったのです。

　当時，筆者の教育目標と授業案を説明し，親を説得するのは難しい状況でした。筆者は親をアウトドアの話し合いに誘い，この難しい状況を克服しました。その話し合いの場で，筆者が子どもと一緒に行う活動を，親も体験する機会を設けられることになりました。このような話し合いの場を経て，誰も私のやり方に疑問を持たなくなり，皆が満足し，親はアウトドアでの学習にさらに理解を示すようになりました。

　私たちには，定期的に外で活動する時間がありません。しかし筆者は，教育は不定期に行うものではなく，時間割の中にアウトドア活動を取り入れるべきだと確信しています。そうすれば，ゆくゆくは，子どもたちにとってアウトドア授業が当たり前のものになっていきます。もしそれが途切れ途切れに行われるものなら，授業とは完全に違った「ハプニング」になってしまうでしょう。

アウトドアで可能なことをなぜ教室で行うのか

　教室は，皆が椅子に座って，物事がどのようにあるべきかを学ぶ場所です。その教室に代わって，アウトドアで授業をすることには，どのような意義があるのでしょうか。個人的見解ですが，最も大切な意義として，何かにつけてアウトドアのほうが簡単に学びやすいという理由からだと考えます。子どもにとっては，あらゆる感覚を学習に活用することができ，しかも具体例を示して，話題どうしの関係性を説明しやすいのです。自分の身の回りにあるテクノロジーを理解する場合に，物事がどのように関係しているのかを理解しやすくなるのです。

　例えば，水処理施設や手工業を見学し，経験し，匂いを感じ，どのように動いているのかを理解することは，本の中の文章を読んで理解するより印象として深く残

ります。本書の関心は，アウトドア環境の中で具体的なエクササイズを行うことです。校外学習（fieldtrip）は，もちろん教室での授業をうまく補完してくれるのです。

アウトドア教育は，新しい取り組み（phenomenon）ではありません。というのも，その発想は数世紀にも及ぶものなのです。

アウトドア教育における教師の考え方

アウトドアで授業を実施したい教師は，変わり者とみなされます。これは今に始まったことではありません。カール・リンネ（Carl Linnaeus）が300年以上前に自分の弟子たちに教えたときに，同僚たちはそう感じました。

コメニウス（Comenius, 1592-1670）は『大教授学（Didactica Magna）』の中で，学習者個別に適切な水準でアウトドアに出て具体的な教育を行うべきだと説きました。彼は，本物の環境で学習するように訴えたのです。

エレン・ケイ（Ellen Key, 1849-1826）は，子どもたちがやる気を出して学習しているときこそ，必要な学びが起こるのだと言いました。教師は，子どもたちが観察することのできる現実世界の環境を用意し，子どもたちを連れ出すことが大切です。またエレンは，「子ども自身の持つ発見する心（spirit of discover）を利用することが大切である」と言いました。デューイ（Dewey, 1859-1952）の教育学の中心は，「為すことによって学ぶ（Learning by doing）」です。彼は，「子どもたちは実際の活動を通して現実の概念を獲得する」と言いました。ヴィゴツキー（Vygotsky, 1896-1934）は，自立した思考は社会的活動の結果であると考えました。同時に，学習が状況に左右されることを彼は強調しました。

アウトドアでテクノロジーを学習すること

筆者のアウトドア教育における修士論文のタイトルは次の通りです：

テクノロジー教育を通した安全な境界線（GreenLine）としてのアウトドアライフの安全性－スウェーデン民間防衛協会の企画する中学生を対象にしたアウトドアの安全性とテクノロジーの講座の活用法についての研究

筆者は，テクノロジー教育を実施する際に，教員とスウェーデン民間防衛協会の指導員がアウトドアの安全性の講座を活用できると感じているかどうかを研究しました。この研究の対象は，アウトドアの安全性についての講座を担当する中学校の教員と指導員でした。講座の目的は，テクノロジーのテーマを取り上げて，アウトドアで活動する際に，その道具のメリットやデメリットが何かを考えることでした。

筆者は文献研究だけでなく，教員や指導員にインタビュー調査することでもデータを集めました。

　アウトドア空間をどのように活用すべきかについて，多くの創造的なアイディアが出されましたが，現実とはかけ離れたアイディアもありました。また，アウトドアの安全性に着目することで，発明，製品，建築，そして道具の利用といった概念は，テクノロジーに結びつけることができるとわかりました。そしてそのテクノロジーはアウトドア空間の理解を推し進めると，皆が感じたのです。教室は，学習者が為すべきことを理解しづらくしますが，実際のアウトドア環境であれば，テクノロジーを利用することで理解しやすくなることがわかりました。他にも，実践に役立つ，理解が深まる，自然への気づきや関心が高まる，訓練の役目を果たす，楽しみが増す，騒音レベルが下がるといったメリットがあげられました。

　一方，デメリットや障壁となるのは，学校システムの壁，その領域の方法論やトレーニングの欠如，授業計画の必要性，時間やスケジュール確保の難しさ，学習に適した衣類がないことがあげられました。ある教師は「10代はゴム長靴という言葉を知りません」と言った直後に，「衣類も実際にはテクノロジーですね」という指摘もしました。

　また，多くの教師は，アウトドアで活動するには2人の教師が必要になると感じていました。そのような教員配置は，必ずしも簡単にできるわけではありません。特に，アウトドア教育がその教育組織全体に浸透しているわけではないからです。しかも満足できる活動を行おうとすれば，校長からのサポートや，同僚から承諾を得ることが必要です。アウトドアライフに関心の高い教師が，アウトドアで頻繁に活動することも明らかになりました。それはアウトドア環境では安心感が得られるからです。

　筆者の研究では，テーマに関係なく，アウトドア教育のメリットとデメリットに関して，ほぼ同じような結果が得られました。安全性も，アウトドアでの授業を制限する主な要因としてあげられました。本書の最終章（第9章）に書かれた安全性の内容を参照してください。

エクササイズの特徴

　あなたが教師で，自分のクラスをよくわかっているとしたら，本書の提案をもとに，いろいろと創意工夫できるでしょう。

時　間：エクササイズを行う場合，開始から終了までの時間がかかります。その所要時間は，活動の流れ，教材の活用などによっても変わってきますが，筆者自身の経験によるものです。

準備物：必要とされる教材は，それぞれのエクササイズでリスト化されています。

目　的：それぞれのエクササイズでは，最終目標が手短に説明されています。

対象年齢：ほぼすべてのエクササイズに，推奨年齢があります。これらはスウェーデンの学校システムを中心に考案されています。スウェーデンの義務教育は7歳から始まり，9年生まで続きます。義務教育を受ける前に，子どもたちは，複数の教育目標を持つプレスクールに通います。義務教育の9年間は，伝統的に3つの段階に分けられますので，本書ではそれにならっています。また，本書では，おおよそ5歳，10歳，13歳，16歳の年齢で区切っています。

　これらの年齢の区切りはあくまでも推奨年齢であることを覚えておいてください。自分のクラスがベストである状態を知り，どのようなエクササイズがどのような水準で行われるべきなのかを決めることができます。筆者は，推奨年齢に応じて各エクササイズを行っています。

方法　エクササイズをどのように行うべきかを説明します。各エクササイズは変化を持たせて使ってください。

情報　いくつかのエクササイズには，背景情報が含まれているものもあります。本書が扱う領域には，理論的に優れた図書がすでにありますので，詳細については触れません。

解説　いくつかのエクササイズについて，それを行ったときの筆者自身の体験や，他の見出しに当てはまらないことを記しています。

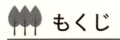 もくじ

アウトドア・テクノロジー教育への期待　i
はじめに　iii
日本語版出版に寄せて　vi
原著者について　viii
序文　ix
導入　x
エクササイズの特徴　xiv

第1章
導入のためのエクササイズ　1

あなたにとってテクノロジーとは何ですか　2
発明とイノベーション―何が違うのか　3
テクノロジーの散歩道　3
テクノロジーによるイノベーション　4
説明と推測　5
ロボット　7
テクノロジーについて考える　8
自然素材から塔を作る　9
イノベーションの記録　10

第2章
環境技術　13

輸送　14
雪解け水　15
葉っぱの科学　16
太陽光の集光器1　17
太陽光の集光器2　18
太陽光の集光器3　19
放射熱　20
木にまつわるテクノロジーの影響　21
水の浄化技術　22

第3章
生活の中のテクノロジー　25

洗濯―過去と現在　26
カリ洗剤　27
穴を使った料理　29
食糧の乾燥　30

  エネルギーネックレス　32
  鋭い刃　33
  天気予報の枝　34
  スプーンづくり　35
  スローイングスティック　36
  小枝の笛づくり　37
  自動給水ポット（植木鉢）　38

第4章

水のアクティビティ　41

  浮力　42
  風船ボート　43
  樹皮のボート　44
  水車1　44
  水車2　45
  水車3　46
  橋梁工事　47
  A型の橋づくり　48

第5章

火を使ったアクティビティ　51

  自然からの水彩絵の具　52
  棒切れで揚げ物　53
  旧式の火起こし　54
  パンづくりの科学　56
  発火温度　58
  炭づくり　59
  タールを作る　61
  装飾品　63
  狼煙から携帯電話まで　64
  うなり板　66
  石器時代の接着剤　67
  魚の接着剤　68

第6章

テクノロジーの歴史　71

  21の議論　72
  科学の森サーキット　76
  科学の年表　77
  紙づくり　79
  電話　80

伝声管　81
日時計　82
テクノロジーを用いた
　　視覚的コミュニケーション　83
GPS活動　85
GPS宝探し　86
クモの巣　87
アドベンチャーウォーク　88
衛星と宇宙探査　89
水門　90
マジックテープ（ベルクロ）　91

第7章

単純機械と物理的な力　93

てこ　94
測定技術　95
バランス　96
竿秤（中世の商人）　97
滑車装置　98
ポンプ　99
作用と反作用1　100
作用と反作用2　101

第8章

サイエンスキャンプ　103

準備物リスト　104
トイレについて　105
風よけの設置　106

第9章

安全に関する留意事項　107

危機計画　107
基本的欲求　107
火災時の安全確保　109
刃物を使うときの安全確保　110
傷口　110
ねんざ　111

解説

1 みんなの教育
　スウェーデンの「人を育てる」国家戦略
　　スウェーデンのアウトドア教育とアクティブ・ラーニング　115

　1　はじめに　115
　2　スウェーデンの教育関係（教育，子育て）　115
　3　身近なテクノロジーについて考えることの大切さ　116
　4　健康と幸福感を育むアウトドア教育　117
　5　アウトドア活動での安全性「自分の身は自分で守る」　117
　6　アウトドア教育のエクササイズを行うときの心構え　120
　7　アウトドア教育は，到達目標だけが示されていて教育方法の自由度が高い　120
　8　ローテクからハイテクへの流れがわかるテクノロジー教育の事例　121
　9　テクノロジー教育における発明とイノベーションの違い　122
　10　国際交流を意識したアクティブ・ラーニングの事例　123

2 学ぶ力を育む幼児期の豊かな生活体験　125

　1　アウトドア環境で活動する子どもたち　125
　2　アウトドアの環境を活用することでできること　129

3 日本における自然保育の事例と活動実践の紹介　131

　事例1．自然学校キッツ森のようちえん　131
　事例2．おのまちわかばたんけんたい　136
　事例3．Ａ型の橋で川を渡る！　141

4 考える力を育む森のこども園のアウトドア保育　145

　森のこども園の自然環境　145
　自然の魅力・自然の不思議　146
　「知ることは楽しい」「知ったことは伝えたい」　147
　230とはどんな数か　148
　問いや仮設を立てて深く考える　149
　見ようとしなければ見えないもの……未知の世界に触れる　150
　収集し比較・分類する　151

　おわりに　153

［編集部注］　本文中，原著注は☆で，訳者注は＊，†…で脚注に示している。

第1章
導入のためのエクササイズ

　次に紹介するエクササイズは，意欲（enthusiasm）を引き出すために導入で使用されます。ここで紹介するエクササイズには，子どもがテクノロジーについてどのように考えているのかについて，話し合いのきっかけを与えるねらいがあります。日常生活は不思議な現象であふれていますが，私たちがそれらの現象をテクノロジーに関連づけていない場合もあります。これらのエクササイズは，あなたが授業の休み時間に校庭で行うとよいでしょう。一緒に楽しみながら実践することで，学びにつながります。筆者は，学びの重要な要因は一緒に笑うことであって，持続的で，生涯続く意欲（lust）を高めることができると考えています。

あなたにとってテクノロジーとは何ですか

時　間：15分。
準備物：なし。
目　的：テクノロジーについて話し合ってみます。子どもにとってテクノロジーの概念が意味するところを議論させます。日常生活の中で自分の身の回りのテクノロジーから話題を提供します。
対象年齢：5～16歳。

方法

それぞれの子どもが道具やイノベーションについて考えます。考え終わった子どもから，自分の考えたことを話し始めるでしょう。そのとき，自分が考えた項目を並べてみて，今度はそれらをアルファベット順に並び替えます。並び替えが終わったら，自分で項目を選んで，自分の考えていることを自分の言葉で説明させるのです。

高学年の子どもたちには，テクノロジーの歴史的視点を問いかけます。そして，自分の項目がどのぐらい長く存在し続けているかを比較し，それらを並び替えさせるのです。

もし子どもたちが新しいイノベーションについて考えるのが難しいようであれば，子どもたちを2人一組に分けて，少し散歩をさせます。そうすれば，子どもたちはテクノロジーと新しいイノベーションの対応関係について話し合うことができます。

心にすぐに思い浮かぶ最初の道具（technology）は，子どもたちの身近にあるコンピュータや携帯電話，その類のテクノロジーです。

発展

代わりに，新しい絵を描き，それらの絵をアルファベット順か年表順に並び替えてみましょう。

解説

子どもたちは，よく同じ項目について考えます。そのような項目は話し合いのきっかけにふさわしいものです。一方で，子どもたちはまったく考えつかないこともあります。

発明とイノベーション―何が違うのか

筆者は発明とイノベーションとの違いを強調したいので，**イノベーション**という言葉を用います。発明は新しい装置や過程です。発明品は，一般利用されるかどうかに関係なく，人が創造したり，使用したりする物事です。発明は必ずしも自然に発生するわけではありません。イノベーションは，一般的に，徐々に起こる変化（incremental changes☆）に比べるとかなり飛躍的な変化を表します。

テクノロジーの散歩道

> 時　　間：長時間の散歩。
> 準備物：なし。
> 目　　的：あなたの身の回りのテクノロジーについて，私たちが日常生活でどのようなテクノロジーを利用しているかを考え，振り返ります。
> 対象年齢：5〜16歳。

方法

散歩するルートを選び，子どもを2人一組に分けます。散歩中，今現在よりもずっと昔から利用してきているテクノロジーについて子どもたちどうしに話し合いをさせ，報告させます。子どもたちが利用したことのあるテクノロジーから，石や棒，松ぼっくりといった物を取り上げます。つまり，子どもたちが実際に使ったことのある道具にはどのようなものがあるのかを把握します（あなたがほとんど棒を入手できない都市環境で活動している場合，この部分は飛ばすこともできます）。一緒に集まって，使ったことのある道具についてお互いに報告してみましょう。

解説

これは，次々と場所を移動する間に行えるエクササイズです。散歩自体はエクササイズですが，子どもたちが問いを話し合うのに絶好のチャンスなのです。あなたが散歩中に利用できる問いは他にもあって，次のような問いもよいでしょう：「あなたは自分の周りにあるテクノロジーのすべてが必要ですか」「テクノロジーは環境にどのような影響を及ぼしますか」。質問する価値のある魅力的な問いがたくさんありますので，創造的思考を育みながらテクノロジーの授業を実践してみましょう。

☆　Swedish and English　Wikipedia 2011-09-07

テクノロジーによるイノベーション

時　間：20分。
準備物：なし。
目　的：子どもたちのテクノロジーに関する概念を確認します。子どもたちの日常生活の中でテクノロジーに対する理解について洞察力を得ます。
対象年齢：5～16歳。

　子どもたちを円形に集めます。円形に集める理由は，子どもたちどうしが見たり聞いたりしやすく，アイコンタクトをとることができるので，いつも良い状態を保てるからです。
　1人が円の中心に立ちます。最初は，教員が中心に立ってもよいでしょう。中心の人は，テクノロジーによるイノベーションのことを考えます。例えば，中心の人がトースターを思い浮かべた場合は，輪の誰かを指差して，その思い浮かんだ名前「トースター」を言います。すると，指を差された人の両側にいる人たちがお互いに指差して単語「トースター」を言います。これを繰り返します。
メモ：手全体で指示します。そうすれば，指示された人がはっきりします。

　三番目に指をさされた人が最後になり，円の中心にいる人と場所を交代し，ゲームを続けます。イノベーションがまったく何も思いつかないかもしれません。その人がしばらく円の中心にいることになります。
　思いつかなかったときは，円の中心の人が次の人を決めて，新しくゲームを始めます。もし人数が多ければ，グループを2つに分けます。これは，寒い日であっても皆が温まるのに適した活動です。

> 私は自分を笑うのよ。人の笑わせ方を知っている人は，決して人を楽しませるのをやめたりしないもの。
>
> シャーリー・マクレーン

> **解説**

　この方法で作成されたテクノロジーの項目リストは，授業の後半で利用できます。例えば，それらを発明したのは誰かを探し当てる，などのかたちです。

　子どもたちは，エクササイズが繰り返されると，日常生活にあるイノベーションのことを簡単に思い浮かべられるようになります。さらに繰り返すと，子どもたちはテクノロジーと思っていなかったテクノロジーに注意を向けられるようになるのです。

　もう1つの方法は，「子どもたちがイノベーションを簡単に思い浮かべられるように，イノベーションの名前をノートに書き留めること」です。

説明と推測

> 時　間：20分。それに加えて，席をつくるのに20分。
> 準備物：なし（以下に続く発展を参照）。
> 目　的：他の人にテクノロジーを説明する際に，専門用語を使う練習をします。テクノロジーを用いて安全性（湿気を避けるために土台を置くこと）を確保します。
> 対象年齢：5～16歳。

> **方　法**

　子どもたちを2人一組に分け，背中合わせで座らせます。ペアの1人が工業製品（身の回りの物）を考え，その特徴をパートナーに説明します。そのパートナーは，説明されたモノを推測します。その説明は難しいヒント（tricky）から開始し，パートナーがちょうど言い当てられるように少しずつ簡単にします。言い当てられたら，ペアの役割を入れ替えます。子どもたちが専門用語を用いて説明内容を考え，実際に説明するように促します。

　うまく当てられなかった場合，別の席をつくります。太い枝から始めて，折り重なるように細い枝を加えます。最終的には，小枝や落ち葉，草を加えます。この寝床は，地面からの冷気や湿気を防ぐ断熱材として機能します。ほんの束の間だけ座る程度でしたら，自然の中から，例えば小枝や枯れ葉などのような柔らかい素材を使います。

> **発　展**

　子どもたちが自分で考えた工業製品，あるいは何も思いつかなかった子どものために，子どもたちが説明できそうな製品（ハサミ，ストロー，ペン）を準備しておくか，ノートに製品を描いておきます。

「その形は筒状で，上のほうに2つのアンテナがあります」

解 説

　子どもたちは，現物に触れなければ，物事を説明できないことがわかります。爽やかで暖かなアウトドアで活動することの大切さ，それから何かを敷いてから座る理由について話し合います。子どもたちが知らない機能や，説明するのが難しい製品を取り上げ，おもしろい話題や教育的な話題を提供します。インドア環境よりアウトドア環境でエクササイズをするほうが，創造性がさらに広がります。両方を試してみて，その差を体験してみましょう。

ロボット

時　間：20分。
準備物：なし。
目　的：協力と笑い。それからロボットがどのように制御されるのかについての感覚をつかみます。
対象年齢：5〜16歳。

方法

　3人一組のグループに分けます。そのうち2人はロボットになり，残りの1人はロボットを操るコントローラーになります。

　2つのロボットは背中合わせで反対方向に進みます。コントローラーがロボットの肩をたたくまで直進します。右肩を1回たたくと，右に90°回ります。左肩を1回たたくと左に90°回ります。ロボットが木やくぼみ，道に当たるとその場に立ち止まって足踏みします。ロボットが5メートル以上に離れてしまうと，コントローラーはロボットの操縦ができなくなるかもしれません。

　コントローラーの達成すべき目標は，2体のロボットを誘導して，お互いに向かい合わせにすることです。これがうまく成功すれば，コントローラーはロボットの1体と役割を入れ替わります。3人全員がコントローラーの役割を果たすまで続けます。ロボットが，どこで，どのように利用され，どのように作られるのかを話し合います。

解説

　製造工場やロボットの働きがはっきりとわかる場所を訪問しましょう。多くの職場は何らかのロボットを使用しています。このエクササイズは高学年の子どもたちには簡単すぎるように思えますが，筆者の経験上，その子たちからよく笑いが起こります。

テクノロジーについて考える

時　間：10分。延長可能。
準備物：なし。
目　的：人々とテクノロジーの関係，私たちの生活状況を分析し，評価します。テクノロジーが何かを考えるには，あなたがテクノロジーについて話しながら，子どもたちが何を考えているのかを把握します。そして，お互いの話を聞くようにします。
対象年齢：5～16歳。

方法

まず輪になります。テクノロジーに関係したモノで，最初に思いついた単語を次々とあげていきます。何も思いつかなかった人は「パス」します。グループの半分がパスするまで順番に続けます。思いついたテクノロジーの中からいくつかを子どもたちに選ばせ，研究用のリストにしておきます。1人用のリストでもグループ用のリストでもかまいません。

発展

子どもにイノベーションの例をあげさせます。その際，次の人は最初の一文字が前の人の最後の一文字と同じになるようにイノベーションの例をあげていきます。例えば，「spade（鋤）」の後は「electric car（電気自動車）」「radio（ラジオ）」のように，しりとりをします。

解説

このエクササイズを行うと，子どもたちは「最初に何かを思いつくのが難しかった経験」や，「飲むストローから飛行機まで，順番待ちできないぐらいに多くのモノを思いつくという経験」をしました。結局のところ，私たちの周りのあらゆるモノがテクノロジーに関連しているのです。

このエクササイズは校庭で行うのがふさわしく，子どもたちが少し運動し，新鮮な空気を吸う機会にもなります。

自然素材から塔を作る

時　間：40分。
準備物：その場所にある自然素材。
目　的：専門用語の意味と微妙なニュアンスの違いを学び，関係性を理解して，その環境を理解する新しい方法を発見します。様々な素材とテクノロジーを使って，積み上げ，形を造り，建築する能力を育てます。協力が必要となるエクササイズです。
対象年齢：5〜10歳。

子どもたちを3人一組か4人一組に分けます。1メートルの高さにできるだけ近い塔を作るように指示します。1メートルがどのぐらいの高さになるのかを子どもたちと話し合い，想像力を膨らませます。皆が塔を見せる準備ができたところで，お互いの塔を見せ合い，子どもたちがどのように1メートルを推測したのかについて意見を出させ，どんな自然素材を使ったのかを説明させます。風が吹いても塔は建っていますか。最もうまくできた塔はどの場所で，どのような方法を使っていますか。用いた素材について，子どもたちに意見を出させます。

代わりのエクササイズ

時間制限を設けます。例えば，20分間とします。そうすると，どのグループが高い塔や強い塔を建てているかがわかります。

低学年であっても，テクノロジーや物理用語を使うのを怖がらないでください。筆者の経験上，子どもたちは一般的に新しい言葉に興味を抱いて，その言葉をすぐに使おうとします。私たち大人は，言葉が難しすぎて子どもたちの前では使えないと思い込んでいるのです。

20分間で，できる限り塔を高く積み上げるという活動は，高学年でも楽しめます。

イノベーションの記録

時　間：40分。延長可能。
準備物：様々なイノベーションを記録するノート。クリップ。
目　的：テクノロジーの歴史的流れを示します。それからテクノロジーの広がりを説明します。子どもたちのグループをつくらせ，テクノロジーが特別な問題を発生させたり，問題を解決したりすることを話し合います。
対象年齢：10～16歳。

方法

　イノベーションの絵や発明された時代が書かれたメモを用意し，子どもたちの背中に貼り付けます。それぞれの子どもが，他の子どもに質問をして，自分の背中に書かれているものが何かを答えなければなりません。また，その質問は，テクノロジーが開発された目的に焦点を当てなくてはいけません。例えば，そのテクノロジーが貯蔵し，加工し，輸送し，制御するのに使われるとしたら，誰がそれを使うのか，いつどのようにして開発されたのか，どんな素材からできているのか，世界中のどこで利用されるのか，どのくらいのエネルギーを消費するのか，などです。質問は，「はい」「いいえ」で回答されるかもしれませんが，どの子どもも最低１つの質問に答えます。テクノロジーを言い当てた子どもたちから，背中に書かれたメモを自分の胸へと移します。そして，質問に答え続けながら，続けて参加します。

　子どもたちが知らない者どうしの場合は，質問を始める前に自己紹介するようにしてもよいでしょう。

様々なテクノロジーの事例

　石斧，北斗七星，注射器，蒸気機関車，トランジスタ，電話機，ペニシリン，パン，硬貨，飛行機，ナイロン靴下，ラジオ，自転車，核爆弾，時計，コンピュータ，自在スパナ，安全カミソリ，ペースメーカー，メガネ。

次は何でしょう？

　誰もが知っているテクノロジーの場合，様々な探求的な学習方法があります。
　1つの方法は，子どもたちにイノベーションの年表を作らせることです。ラベルの上に年代を書き込むか，子どもに年代を当てさせます。年代が新しくなるほどおもしろい話し合いになります。なぜそのモノが他のモノより先に発明されたのかを子どもたちに質問し，必要性，きっかけ，その状況を議論します。
　また，違った方法で子どもたちのグループを作ることもできます。子どもたちに様々な基準を出させましょう。そうすれば，グループを比較したり，同じグループ内でテクノロジーの似ている点と異なる点を話し合ったりできるようになります。次のような観点を話し合います。

　・これはどのようにして発明されましたか。
　・共通する要素はありますか。
　・偶然発見されたのは（serendipitous），どちらのイノベーションでしたか。長期間にわたって開発された成果は，どちらのイノベーションでしたか。

　子どもたちにイノベーションを研究させます。1人でもグループでもかまいません。
　グループで多くのイノベーションを考えさせ，それらの新しいかたちを想像させましょう。
　また，年配者にとって重要で，彼らが若い頃に飛躍的な進歩（breakthrough）を遂げたイノベーションについて，インタビューさせましょう。そうすれば，子どもたちは，自分たちが将来同じようにイノベーションを体験することと，インタビューした年配者の経験とを比べることができるでしょう。例えば，どのイノベーションが生まれたときからある「自然なもの」で，どのイノベーションが生存中に現れた新しいモノなのでしょうか。

　発展では，それぞれのイノベーションについての2つの絵カードを用います。幼児の場合，同じ絵カードを持っている人を見つけることが課題になります。エクササイズの間，お互いの絵カードを見て，見かけたことのある絵カードのほうへ誘導する問いを投げかけます。子どもたちにイノベーションを何度も繰り返し説明させる場合，2人一組で協力させることも可能です。

解説

　このエクササイズは，新しい分野の学習を進めたり，1つの分野の学習をまとめるのに適しています。「お互いに理解させる」エクササイズとしてふさわしいものとなります。

アウトドア学習のメタファー

教室の外に一歩踏み出すと,初めは岩だらけの苦難の道ですが,だんだん居心地よくなってきて,ワクワクさせられます。次の瞬間,何が出てくるかわからないからです。

カリーナ

第2章
環境技術

　私たちを取り巻くテクノロジーは，私たちの生活を豊かにし，また，私たちが住んでいる環境に影響を及ぼします。環境技術と持続可能な開発は，私たちの行動すべてを含む幅広い用語です。私たちのテクノロジーの選択が，日常の生活環境に影響を及ぼすのです。

　テクノロジーの教科は，持続可能な教育に貢献するとともに，他の教科に結びつけられる教科として位置づけられます。
　学校の外でテクノロジーによる作業をすることと，ひらめきの源として地元の環境を使うことは，子どもたちの興味をひくことができ，批判的に考える力を発達させ，持続可能な開発に向けた意識を高めます。
　例えば，様々な電源について学んだり，森におけるテクノロジーの影響を学ぶことになるのです。
　本章にあるエクササイズでは，私たちの環境におけるテクノロジーの効果を理解することを目指します。

> 　21世紀の最も偉大な人類の挑戦は，この惑星のすべての人々のために，現在まだ抽象的な持続可能な開発についてのアイディアを実行に移すことである。
>
> コフィ・アナン
> 前国連事務総長

輸　送

> 時　　間：30分。
> 準備物：その場にある自然の素材。
> 目　　的：輸送と環境および保護問題についての考えを引き出します。助言しながら簡単な作業を計画し実行します。
> 対象年齢：7～10歳。

方法

　クラスを3～5人の子どものグループに分けます。

　グループごとに，自然の素材を使って異なる乗り物を作ります。水上・陸上・空中の別に，様々な輸送手段について話し合いましょう。乗り物の違いによって，どのように移動するのかを話し合います。

　自然の素材から模型の乗り物を作ります。

　ある場所から別の場所へ移動する場合，どれが一番早い方法ですか。どれが環境のために最善ですか。そして何が環境にやさしい移動方法ですか。環境に焦点を当てて話し合いましょう。私たちが異なる輸送手段を使う場合，環境に何が起きますか。

この先生たちは，環境にやさしい車を作りました。

🍃 雪解け水 🍃

時　間：雪を取ってくる 20 分と，それが解けるまでの時間。
準備物：いくつかのバケツ，あるいはプラスチック製の箱（2 リットルのアイスクリーム箱でもよい），コーヒーフィルターとホルダー，キャンプストーブ，燃料，マッチ。
目　的：アウトドアの様々な場所の水質を調べること。水質の違いは，雪をどこで集めたかによることを調べさせ，理解させること。仮説を立てる方法を学ぶこと。
対象年齢：7～10 歳。

方法

　授業の際に外に連れ出し，バケツや箱に雪を集めます。少なくとも 3 か所の異なる場所から雪を集めます。例えば，うっそうとした森，広々とした草原，道路のそばなどです。その雪がどこから取ってきたものかわかるように，バケツに目印をつけます。
　キャンプストーブで雪をとかします。雪がとけたときに，その水の中に浮いているものを子どもたちに見せます。その水をコーヒーフィルターに通してきれいにします。そうすることで，それぞれのサンプルにどんな粒子があるのかが見つけやすくなります。水がどのように見えるのか，それはどうしてそのように見えるのでしょうか。また，その見え方と，雪が採取された場所とがどのように関連しているのか，子どもたちに仮説を立てさせます。

葉っぱの科学

時　間：40分。
準備物：葉っぱ，クレヨンと紙。
目　的：葉っぱの科学を発見すること。
対象年齢：5～13歳。

方法

葉っぱには，中央の葉脈に沿って"浅い谷"が多くの場合あります。それはなぜでしょうか。比較のために一枚の紙を使ってみましょう。紙の短い辺を持ってまっすぐに伸ばしてください。どうなりますか。

長い辺に沿って紙を折ります。そしてそれを慎重に広げて，また同じように持ってみてください。今度はどうなりましたか。あなたは，折り目で紙が垂れ下がらないことがわかったはずです。

なぜ，葉っぱがまっすぐ立っていることがよいのでしょうか。

落葉樹から葉っぱを採ってください。その上に紙を置いてクレヨンでやさしくこすります。葉っぱの葉脈のシステムの詳細が紙の上に見えるようになります。折りたたまずに，どのように葉っぱがその形を保っているか考えてみましょう。

> 葉っぱは刺激的なものです。想像してください。1つひとつの葉っぱの中には木が必要とするエネルギーを生み出す"化学工場"があるのです。

Photo: Jens Ayton

太陽光の集光器1

> 時　間：30分。
> 準備物：アルミホイル，はさみ，温度計。
> 目　的：簡単な方法で，熱源として太陽光を実際に使います。
> 対象年齢：10～13歳。

方法

　アルミホイルの光っているほうを内側にして円すいを作ります。それから，円すいの先端を切って，指を通します。晴れの日に外に出て，まぶしい太陽に向けて円すいを持ち上げます。円すいの内側がどのように熱くなるかを感じましょう。温度計を使って円すいの内側の温度と外側の温度を比較します。

情報

　太陽光の集光器は，太陽光から熱へとエネルギーを変換します。その熱は，水やオイルのような，適切な手段を使って移されます。熱は，直接移されたり，熱変換器を通して暖房システムに運ばれたりします。この種のシステムの課題としては，夏の暑い時期の熱を，一番必要とされる冬までどのように保存するか，があります。この解決策として，断熱した地下タンクに熱を貯蔵することが考えられます。

> 周りを明るくする人は，自分も明るく振る舞える人だ。
> 　　　　　ジェームス・M・バリー

太陽光の集光器2

時　間：40分。
準備物：ボール紙，アルミホイル，テープ，両面テープ，ラップフィルム。
目　的：光を熱に変える効率よい変換器を作ります。エネルギー問題について，子どもたちの意見や態度を反映するようにします。
対象年齢：13～16歳。

方法

およそ60×100センチの長方形にボール紙を切ります。それが太陽光の集光器の壁の部分になるように放物面状に曲げます。それから，別のボール紙をDの形に切り出し，太陽光の集光器の床面を作ります。壁と床の両方にテープを貼り，内側に沿ってできるだけぴったりとアルミホイルを貼り付けます。晴れの日に，外に出て，太陽光の集光器を太陽に向けて置きます。風がある場合は，厚板を取り付けると安定するでしょう。

集光器に温水の入った黒い容器を置いて，ラップフィルムで覆います。30分後と1時間後に温度を測定しましょう。

太陽光の集光器3

> 時　　間：20分。さらにヘッドライトを確保する時間。
> 準 備 物：車のヘッドライト，針金，ミートボール。
> 目　　的：光を熱に変える効率よい変換器を作ります。
> 対象年齢：10～16歳。

方法

　例えばスクラップ置き場などから，古い車のヘッドライトを探します。そして，ガラスや電子部品などを取り除きます。おわん型の反射板が優れた太陽光の集光器となります。

　熱があることを証明するために，ライトの電球の穴に1本の針金を通し，その先にミートボール，またはそれに似たものを置きます。針金を動かし焦点を合わせ，ミートボールに太陽光を集中させます。ミートボールが太陽で焼けるのです。

情報

エネルギー保存の法則：エネルギーは壊れたり創られたりするのではなく，ただ変換されるだけです。どんな運動でも，エネルギーの様々な形態に変換されるだけなのです。

太陽光エネルギー：このエネルギーは，太陽の光に由来します。地球上に生命が存在するのは，太陽光エネルギーのおかげです。太陽からの熱がなければ，地球は寒い星になります。それから，太陽光エネルギーがあってこそ，植物が光合成できるのです。

風力エネルギー：風力発電所は，風の莫大な運動エネルギーをとらえます。そしてその無限のエネルギー源から廃棄物や公害なく，きれいな電気を生み出します。

放射熱

時　間：20分。
準備物：不要。
目　的：放射熱を体験します。
対象年齢：7〜13歳。

方法

　晴れの日に外に出て，子どもたちを個人またはグループで周りを歩かせて，太陽の当たる様々な表面を触らせます。子どもたちを3〜4人のグループに分けて，太陽に照らされた物体の間で違いがあるかどうか議論させます。色は重要でしょうか。最適な太陽光の集光器をどのようにデザインするのがよいかを考えましょう。

木にまつわるテクノロジーの影響

時　間：40分。
準備物：ルーペ，または虫めがね。
目　的：私たちの身の回りのテクノロジーが自然に影響を及ぼすことを具体的に示します。自然と社会，個人の状況について，テクノロジーの長所と短所を分析します。
対象年齢：13～16歳。

方法

針葉樹の森へ行きます。

針葉に近づいて白い斑点が見えるかどうかを調べて，木のダメージの程度を確認します。その斑点は，ダメージを受けた木に共通して見られるものです。一番古い針葉と一番若い針葉をいくつか枝から選んでください。

拡大して針葉を調べます。新しい針葉と古い針葉の外観を比較しましょう。ロウ質の層によって，針葉の湿気が保たれます。

・2つのグループに分けた針葉は，どのように見えましたか。
・何か老化の兆候はありますか。

> 手本は教える方法の1つではない，それは教える唯一の方法といってもよい。
> 　　　アルバート・アインシュタイン

深く考えるための質問

子どもたちが見つけたものについて，お互いに話し合わせてください。
子どもたちにしてほしい課題が思いつかない場合は，例えば次のような質問をしてみましょう。

- 針葉樹はどれくらいダメージを受けていましたか。
- あなたは，どのような種類のダメージを見つけましたか。
- ダメージを受けた木の樹齢は何歳ですか。
- ダメージを受けていない木の樹齢は何歳ですか。
- どんなテクノロジーが大気汚染を引き起こしますか。リストを作って議論しましょう。
- 針葉はずっと今の状態でしょうか。それとも時間が経って変わりましたか。もしそうならば，なぜですか。
- あなた個人ではどのように木のダメージを減らすことができますか。
- 例えば，携帯電話から自然はどのような影響を受けますか。

水の浄化技術

時　間：外に袋を置く15分。この話題をさらに深めたければ時間を追加する。
準備物：ビニール袋，定規，ひも，メスシリンダー。
目　的：簡単な技術を使って，木からの水の蒸発と自然で水を浄化する方法を説明すること。
対象年齢：13～16歳。

方法

それぞれの子どもたち，またはグループで，いくつかの木の葉っぱを包むようにビニール袋を結ばせます。そして，針葉樹にも同じようにします。水が集まるように，それぞれの袋の底にきれいな小石を入れます。ビニール袋は葉っぱの付いた小枝にしっかり結びつけて，24時間そこに置いておきます。

次の日，子どもたちに蒸発の結果であるビニール袋の内側に付いた結露を観察させます。水をこぼさないように慎重にビニール袋をはずし，水の量を測定します。

深く考えるための質問

- サンプルの葉っぱから，24時間でどれくらいの水が蒸発していましたか。
- 日中と夜間の蒸発した量を比較しましょう。
- 晴れの日と曇りの日の蒸発した量を比較しましょう。
- 同じ方法で別の木にビニール袋を取り付けます。蒸発した量の最も多い木と少ない木はどれですか。
- 落葉樹と針葉樹の蒸発した量を比較しましょう。
- 枝や小さな木の葉っぱの数を数えて，24時間での木全体の蒸発について評価しましょう。
- もし可能であれば，森の内と外で気温と湿度を測り，結果を確かめます。森の中，空き地，広々とした土地で測り，結果を比較しましょう。
- 密集した都市部，または灌漑した砂漠地域で，木は天候と大気にどんな影響を与えるでしょうか。
- 木からの蒸発した量について，他にどんな結論を導き出せますか。

情報

大きなカバノキは暖かい日には数百リットルの水を"飲む"能力があります。

第3章
生活の中のテクノロジー

　私たちの日々の家庭生活や余暇活動の環境には，たくさんのテクノロジーがあります。テクノロジー教育の目的の1つは，生活の中にあるテクノロジーを見える化することと，私たちを取り巻くテクノロジーについての知識を伝えることです。家の中には，簡単な道具から複雑な機器まで，様々なモノがあります。

洗濯-過去と現在

> 時　間：洗剤を作り，洗濯板で洗うために40分。一晩ビニール袋の中で寝かせた白樺の葉を利用すれば，いちばんうまくできるでしょう。
> 準備物：洗濯板，近くに小川がなければ桶，ビニール袋，予備の靴下。
> 目　的：洗濯板から洗濯機にいたるまで，テクノロジーの進歩について考察します。また，環境に優しい洗剤を作ります。
> 対象年齢：5～13歳。

方 法

クラスを2つのグループに分けてください。1つのグループは洗濯板を使います。もう1つのグループは白樺の葉から洗剤を作ります。子どもたちに，小川で衣服を洗わせてみましょう。

自然の洗剤

ビニール袋（強度を増すために2枚の袋を使います）の中に新鮮な白樺の葉を集めて，自分たちの洗剤を作ります。水を100～200ミリリットル加えます。白い泡ができるまで袋を振ります。子どもたちにビニール袋の中に靴下を入れさせ，少し振って洗わせます。靴下が乾いたら良い匂いがするでしょう。

洗濯と洗剤の環境に対する影響を話し合ってみましょう。
・この特別な技術の中にある原理は何ですか。
・私たちが日々，衣服を洗う際に，川の中に何が流れ出ますか。
・どのように動物の生態に影響しますか。
・どのように植物の生態に影響しますか。
・人類にとってテクノロジーの進歩は，何を意味しますか。
・現代の洗濯機は，どのようにして動いていますか。

情 報

　白樺の葉は，簡易洗剤として利用することができます。この方法で洗われた衣服は，普通の洗濯機で洗うほどきれいにはなりませんが，洗濯する前に比べるとかなりきれいになります。これは，白樺の葉に石鹸の界面活性剤のような成分が含まれているためで，その成分もまた洗濯物を良い匂いにしてくれます。白樺の灰には（現在では主に塩化カリウムを指しますが，伝統的にカリ*と呼ばれます。また，次のエクササイズでも出てきます）水酸化カリウム†が含まれ，家具や床をきれいにするために使用することができます。

カリ洗剤

> 時　間：すべて含めると3時間。
> 準備物：白樺の葉，洗濯板，ステンレス製の鍋，ゴム手袋，靴下または他の洗濯物。
> 目　的：自分の洗剤を作ること。今日における洗剤の重要性とその歴史を考えます。
> 対象年齢：10～16歳

方 法

　白樺の薪で火を起こし，完全に燃やしきります。灰が冷めるのを待ちます。燃え残った炭をふるい分けます。約300～400ミリリットルの灰が必要です。灰をステンレス製の鍋に入れて，1時間ほど弱火で煮ます。鍋を火から降ろし，灰が底に沈むまで待ちます。やけどに注意しながら，水分を別の容器に注ぎます。これが洗剤（濃度の薄い炭酸カリウムと水酸化カリウム）になるのです。4～5リットルの水に対し100ミリリットルの溶液を加え，それで洗ってください。洗濯機で使うこともできます。

　白樺の灰は，弱火で沸騰させて炭酸カリウムを取り出すことで，石けんの材料になります。石けんを作る場合，その灰にココナッツ油など数種類の油を混ぜ合わせて作ります。

☆ このアクティビティ「カリ洗剤」は，ASPÖ自然学校のマン・ラットマン（Manne Ryttman）によるものです。

＊【カリ（ポタッシュ：炭酸カリウム）】K_2CO_3で表されるカリウムの炭酸塩で，水によく溶ける無色の結晶。また，天然には木灰中に存在し，これを水で抽出したものを灰汁（あく）といい，古くから漂白，洗浄に用いられた。出典：『マイペディア』（1994）平凡社

† 【水酸化カリウム】KOHで表される塩化カリウム水溶液を電解して作られる潮解性の白色固体。水によく溶け，水溶液は強アルカリ性。固体および濃水溶液は腐食性が強く，軟石鹸・染料などに使用される。出典：『大辞泉』（1997）小学館

情報

考古学の発掘により，シュメール人が5000年も前に炭酸カリウムを素材とした石けんを作っていたことが示されています。シュメール人はメソポタミア，現在のイラクに住んでいました。当時の石けんの作り方は，現代の化学的製造工程とほぼ同じです。カリ（ポタッシュ）は，灰から抽出されたカリウム化合物を鍋で沸騰させる製造段階の名前です。そして，カリウムはカリにちなんだ呼び名です。

穴を使った料理

> 時　間：経験的に食糧1キログラムに対して1時間程度の時間が必要。準備のために約2時間。
> 準備物：薪，調理する食材（例えば魚，肉，野菜，調味料）。食物を包むための湿らせた新聞または濡れた白樺の木皮。
> 目　的：食事の準備について，過去から現在までのテクノロジーの進歩を考えます。
> 対象年齢：10〜16歳。

方法

　はじめに，注意しながら後ほど穴を覆うために使う草と土をまるごと切り出します。それから，食材がすべて入る十分な大きさで，30〜40センチほどの深さの穴か溝を掘ります。

　穴の隣で火を起こし，こぶしサイズの硬い石をいくつか入れます（軽石などの柔らかい石は熱で壊れるでしょう）。1時間程度火を燃やして，それらの石を200〜300℃に熱してください。この間に食材を準備します。

魚

　まるごと魚を使うなら，骨を抜きます。魚全体に新鮮なハーブやセイヨウネズの若葉，粗塩で味付けします。それを新聞紙，アルミホイルあるいは樹皮で包みます。

　シャベルを使い，熱した石を穴の底に並べてください。包んだ魚を熱した石の上に置き，その周りにも石を置きます。その次に，先ほど切り出した草で穴を覆います。調理中に煙が出始めたら，土をかぶせて隙間を埋めます。

解説

　電子レンジのような現代の技術と穴を使った料理のような古い技術を比較し，歴史的な観点から料理について話し合ってみましょう。

食糧の乾燥

> 時　間：湿度，植物の熟成，大きさ，切り方，用途など多くの要因によって異なります。
>
> 準備物：野菜，果物，キノコはすべて乾燥させることができます。ナイフ，ジャガイモの皮むき器，まな板，乾燥させる棚。
>
> 目　的：このエクササイズを通して，現代の方法とは違って，歴史的な食品保存技術はもちろんのこと，世界的な食糧供給，農業，エネルギー問題，自然環境保全，生分解＊，食品添加物，栄養，ゴミ処理のように多くの学習領域を学びます。
>
> 対象年齢：10～16歳。
>
> ---
>
> ＊【生分解（性）】土中や水中の微生物が，高分子化合物を分解して無機物にすること。
> 出典：『大辞泉』（1997）小学館

方法

子どもたちに，乾燥保存できる果物や野菜，キノコを持参してもらいます。食材は洗って皮をむき，2～3ミリの厚さにカットします。スライスされたものは，トレイか乾燥用の棚に置きます。断片の下側にも空気が触れなければならないので，乾燥用の棚のほうがよいでしょう。理想的な乾燥用の棚は，細かく織られた網か布地のフレームでできたものです。

ドライフルーツとベリー

高い糖度を持つフルーツとベリーは適切に乾燥すると，革のように強く硬くなります。どんなに果汁を絞り出そうとしてもできません。糖分はそれ自体に保存力があります。腐食のリスクを冒すよりは，普段以上に時間をかけて乾燥させるほうがよいでしょう。果実はよく熟しますが，熟れ過ぎはよくありません。バナナは非常に高い栄養価があります。その皮に茶色の斑点が出てくれば食べ頃です。

薄く果実をスライスし，それを乾燥用の棚に置きます。よく熟したバナナのように特に高い糖度を持つ果実は，薄く切ってはいけません。乾燥用の棚やトレイに張り付いてしまいます。イチゴのような大きなベリーは，薄くなりすぎないように4,5枚に切ります。コケモモのような水分の多いベリーは，最初に数日間，干しておく必要があります。

ドライフルーツを食品の保存技術ととらえ，テクノロジーの進歩について話し合ってみましょう。また，私たちが現在どのように食品を保存しているかについても，過去の方法と比較して話し合ってみましょう。

情報

　食糧の乾燥は，昔から伝わる保存方法です。例えば，穀物は冬の貯蔵のために乾燥させなければなりません。あらゆる種類の野菜，根菜，果物，キノコは乾燥することができます。色や風味と同様にほとんどの栄養成分は，乾燥することによってしっかり保存することができます。乾燥には人工的な熱によるもの，自然乾燥，日光乾燥などいくつかの異なる方法があります。日光乾燥は製品が乾燥するまで，乾いた空気，日光，高温を必要とします。この方法は湿気が多い気候，ほこりっぽく煤けた土地，汚染された環境には適しません。

　自然乾燥は，エネルギー効率がよい方法です。私たちがエネルギー生産を通して自然を破壊しているのであれば，食糧の乾燥は，環境の将来を考えると明らかに試す価値のある方法といえます。

　人工的な熱を利用した乾燥では，オーブンや乾燥機を使います。それは自然乾燥するのと同じ製法を採りますが，エネルギーを必要とします。

解説

　サイエンスキャンプをする人（p.103 を見てください）にとって，ドライフルーツは十分な栄養供給源となります。あなたが外にいて，疲れていたり，特別なエネルギーが必要な場合には，エネルギーネックレス（次項参照）を身に付けているとよいでしょう。アウトドアでの授業は，インドアにいるときよりも多く動きますので，より多くのエネルギーを必要とします。

エネルギーネックレス

時　間：15分。
準備物：針と丈夫なひも，ドライフルーツ。
目　的：私たちが快適に活動するためには，エネルギー摂取が役立つことを具体的に説明します。
対象年齢：5〜13歳。

方法

フルーツを乾燥させた後に（前項参照），行動食としてドライフルーツをネックレスにします。

解説

フルーツを乾燥させられない場合は，市販のドライフルーツでもかまいません。

鋭い刃

> 時　　間：柔軟に設定してください。
> 準備物：刃先のある道具。
> 目　　的：テクノロジーの進歩の例を提供します。また，子どもたちに石
> 　　　　　でできた道具を使わせます。
> 対象年齢：10〜16歳。

方法

　約200万年前のホモハビリスから今日までの人類の進化に関して，大切なことを説明します。鋭い部分は何を意味し，何に使うことができるのかを示します。今日，刃物がどこで使われるのか，そして人類にとっての重要性について話し合ってみます。ナイフ，斧，ノコギリ，または他の刃先のある道具を子どもたちに使わせてみます。木材を利用して実用的な物を作るために，これらの道具がどのように使われるのかを話し合ってみましょう。

　第9章の安全についてのページを見せながら，**安全を意識させましょう。**

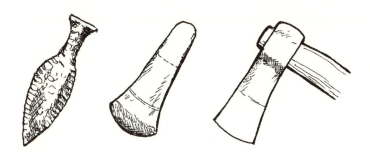

🌿 天気予報の枝 🌿

時　間：柔軟に設定してください。
準備物：小枝がたくさんあって密集したモミの木か白樺の木（イラスト参照），彫刻用ナイフ。
目　的：天気予報の歴史を考えます。
対象年齢：10 〜 16 歳。

方法

木を傷めないように，枝から樹皮を剥がしていきます。これは，天気予報の指示枝を正確に作動させるために重要です。指示枝は成長方向に対して，逆に設置することに注意してください。天気予報の枝は，湿度に影響されます。乾燥した天候では上方を向き，湿度の多い天候では下を向きます。

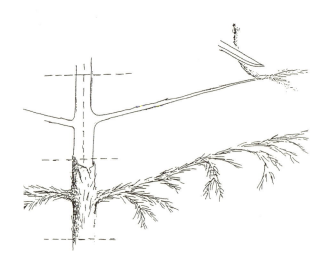

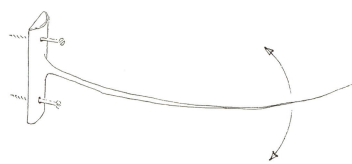

スプーンづくり

時　間：2時間。
準備物：長さ約20センチで幅数センチの硬い木材，火，厚みのあるストロー（飲み物用），木工用のナイフ。
目　的：知識の伝承とテクノロジーの発達の歴史，つまりテクノロジーが過去と現在において，人類と社会，自然にどのような影響をもたらしたかについての洞察力を養います。
対象年齢：10～16歳。

方法

炭や薪の燃え残りは，スプーンをくり抜くために使います。はじめに，柄の部分とすくう部分の基本的な形を削りながら作ります。次に，すくう部分にへこみをつけるために赤く燃えた炭を置いてください。そして，注意しながらストローで空気を吹き込んでください。違う方向から空気を吹き込むことで，すくう部分の形を調整してください。炭が冷めたら取り除いて，燃えた部分を削ります。すくう部分が十分に深くなるまでこの作業工程を繰り返し，最後にナイフで仕上げます。

解説

このエクササイズは，大人1人に対して子ども5人程度の少人数グループが最適です。

Photo: Lena Skökdberg, Håbo Nature School, Vattunöden

スローイングスティック

時　　間：45分。
準備物：50センチ程度のひも，自然の中で見つけたY字状の枝。
目　　的：持久力，運動技能，忍耐力を発揮させます。過去に子どもたちがどんな遊びをしていたかについて，洞察力を養います。
対象年齢：10～16歳。

方法

　はじめに，10～15センチの持ち手があり，同じ長さでY字に分かれた左右対称の枝を見つけてきてください。2本目は約10センチのまっすぐな枝が必要になります。50センチの軽めのひもで，2本の棒を結びます。
　持ち手のほうを握り，それを上に向けて飛ばしてください。それが地面に落ちるまでに，まっすぐな枝をキャッチします。違う大きさの枝や違う長さのひもでも試してみましょう。

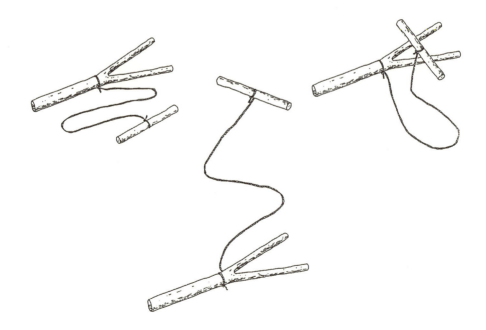

小枝の笛づくり

時　間：40分。
準備物：ナイフ，直径約1センチで長さ10センチの長さの枝，ネコヤナギ，ナナカマドまたはトネリコが理想です。
目　的：持久力，調整力，器用さ，忍耐力を鍛えます。昔の子どもたちがどのように遊んだのかについて洞察力を養います。
対象年齢：10～16歳。

方法

　このエクササイズは，どの季節よりも多くの樹液がある春が最も適しています。ナナカマドは厚い樹皮があるので，作業がしやすく，最も適した木です。なめらかな樹皮で，直径約1センチで長さ約10センチのまっすぐな枝を探します。
　端を斜めの角度にカットし，2センチほどのV字の切り込みを作ってください（図の形状を見てください）。
　真ん中あたりで樹皮に一周の切り込みを入れてください。
　ナイフを使って慎重に抑えながらねじることで，半分の薄い樹皮の部分を取り出します。
　マウスピース用の栓を作るために，V字の切り込みから枝の端まで約2ミリの厚さで平らに削ります。
　V字の部分を切り落とし，マウスピース用の栓を樹皮の筒に挿入します。
　栓を筒に挿入し，吹いてください。栓を奥や手前に動かすことで，音の高低を変えることができます。

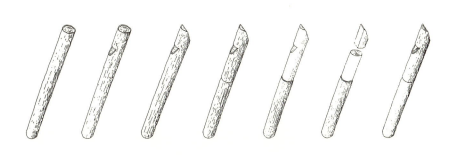

自動給水ポット（植木鉢）

時　間：40分。
準備物：ペットボトル，ナイフ，ハサミ，土，吸水力の高い布の切れ端（幅1センチ），種（さやえんどうのような生長の速い植物がよいでしょう）。
目　的：実用的なテクノロジーがわかる製品を組み立てます。植物の発芽を学びます。
対象年齢：10～13歳。

方法

　はじめに，空気穴（funnel）を作り，ペットボトルが狭くなる上の部分を切断し，じょうご（funnel）を作ります。キャップに小さな穴を開けて，布の切れ端を詰めます。
　ペットボトルの底の部分に水を張ります。ペットボトルで作ったじょうごのキャップ側を下にした状態で本体に挿入し，その中に土を入れます。
　種をまいてください。窓際に置くペットボトルと暗い場所に置くペットボトルに分けます。発芽するのを待って，その結果を比較してみましょう。

解説

　このエクササイズはインドアで実施します。アウトドアで実施することもできるのに，どうしてインドアで行うのでしょうか。こぼれた土や種は，インドアでは片付けが必要ですが，アウトドアではまさに自然なことを学びます。

📝 Notes

ポーロダーレン，イェムトランド，スウェーデン

第4章
水のアクティビティ

　水はいつも人々を魅了します。生きていくために，あらゆる生物が水を必要とします。水辺の近くで時を過ごせば，心と体が癒されるでしょう。
　しかし，子どもたちと一緒に水辺で活動する場合は，安全面に配慮することが大切です。

　これから紹介するアクティビティは，すべて水に関係しています。
　創造し，制作し，実験し，科学を駆使することは，テクノロジーについての喜びと好奇心を育てます。

浮 力

時　間：40分。
準備物：あなたが活動している地域に利用できる水辺がなければ，水の入った桶かバケツ。
目　的：なぜ沈む物と浮く物があり，なぜボートが現在の方法で作られるようになったのかという意識を子どもたちに持たせます。現在と過去の歴史を振り返り，ボート製造におけるテクノロジーについて話し合います。
対象年齢：5〜10歳。

方法

入れ物に水を張ってください。子どもたちに浮きそうだと思う物，沈みそうだと思う物を自然の中から2つ拾ってくるように指示します。浮いたり沈んだりする物の仮説を立ててから，それらを水の上に置かせます。また，子どもたちどうしで拾ってきた物の形状を説明させてみます。

発展

《粘土の浮き》粘土を持って来て，子どもたちに粘土から浮きを作る実験をさせてみます。

Photo: Jenny Linde

情報

粘土は水より高い密度です。よって粘土の塊は沈みます。しかし，粘土はボートの形にすると浮くのです。これは，水などの非圧縮性流体に浸された物体は，その物体が押しのけている流体の重さと同じで上向きの浮力を受けるとするアルキメデスの原理＊によって説明することができます。したがって，力の大きさは，物体が流体に浸された部分の重量に比例します。この原理は，紀元前3世紀にシラキュースのアルキメデスによって初めて説明されました。

物体の密度が流体より低ければ，その物体を浮かせるだけの浮力が発生します。

解説

同じ物を使う子どもがいても，問題ではありません。

＊【アルキメデスの原理】アルキメデスが発見した物理学の法則。静止している流体の中に全部または一部沈んでいる物体は，その排除した流体の重さに等しい力で，流体から鉛直上向きに押上げられている。すなわち浮力を受けるという原理である。出典：ブリタニカ国際大百科事典

風船ボート

時　　間：制作するのに 40 分，テストのために 40 分。
準 備 物：発泡スチロールまたは木材，風船，曲がりやすいストロー，テープ，ホットグルーガンまたは留め具，ハンマー，ナイフまたはノコギリ。
目　　的：一般的な工具と補助器具を使って，創造する喜びを経験します。エネルギー変化－肺の働き，圧縮された空気に蓄えられた位置エネルギーと運動エネルギーについて体験を通して学びます。
対象年齢：5～10 歳。

Photo: Kristina Jarnedal

方 法

発泡スチロールまたは木材で船体を造ります。ストローの長いほうの端に風船をテープ留めして，ストローで風船を膨らますことができるかチェックします。

曲がったストローの端が水面に向けられるように，船体の上に風船とストローを固定します。風船を膨らまして，ボートをテストしておきます。

次の問題を話し合ってみましょう。
・ボートを前進させるのは何ですか。
・同じ原理で動く新しい物や活用法（イノベーション）はありますか。
・ボートをもっと速くするにはどうすればよいですか。
・ストローが水面下にあるかどうかは重要ですか。試してみましょう。

情 報

風船ボートは簡単なジェットエンジンで動きます。ニュートンの第三法則*に従って，後方に流れている空気の力はボートを前に押し出します。ボートが軽くなればなるほど，スピードがさらに速くなります。

ストローのノズルが水面の上にあるか下にあるかは，あまり問題ではありません。

---

* 【ニュートンの第三法則（作用反作用の法則）】物体が他の物体に力を及ぼすとき，相手の物体は同一直線上にあって大きさが等しい逆向きの力をはたらき返すという法則。　出典：『大辞林 第三版』(2006) 三省堂

樹皮のボート

時　間：40分。
準備物：ナイフ，樹皮の厚い断片。
目　的：工具の中から鋭い刃を使って，創造性を養います。
対象年齢：10〜13歳。

方法

樹皮を見つけて，それをボートの形状にしてみます。小川でレースを開催し，あるボートがなぜ他より速いのかを話し合ってみましょう。お好みでボートに帆を設置します。あなたの想像力が尽きるまで，終わりはありません。

水車1

時　間：制作するために30分，テストのために30分。
準備物：丸い金属板（ブリキ缶のふたなど），金切りバサミ，長い釘，
　　　　または太い針金，輪ゴム，ハンダごてとハンダ。
目　的：流水からエネルギーを集め，水車に対する理解を深めます。
対象年齢：13〜16歳。

方法

丸い金属板（イラスト参照）から水車を作ります。縁に切り目を入れて，斜めにその切り目を曲げます。
　車軸は釘もしくは太い針金がよいでしょう。両側に突き出るように，車輪の中央に車軸を通し，はんだ付けして固定します。二又に分かれた枝を2つ使って，水の流れに水車をかけます。輪ゴムは，力を水車に転送するために使います。これはベルトと滑車として知られています。

水車2

時　間：1時間。
準備物：ナイフ，木材。
目　的：水車を作り，それがどのように作動するかを調べます。水流エネルギーを利用し，水力におけるテクノロジーの進歩について具体的に学びます。
対象年齢：10～16歳。

方法

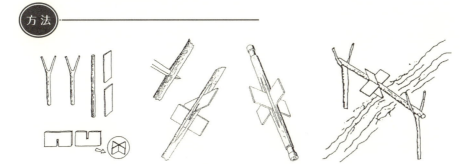

　二又に分かれた枝を2本，まっすぐな枝を1本，平らな板を2枚使います（イラスト参照）。これらは大きめの枝から切り出すことができます。

　十字に組めるように，平らな板の中央にそれぞれ切り込みを入れます。まっすぐな枝にナイフを突き刺して，縦方向に切れ目を入れ，二度目は平らな木片の幅の分の切れ目を入れます。一度目の切れ目に対し，二度目は90°の角度をつけます。

　1つの切り口に平らな板を挿入し，もう1つの切り口に残りの板を挿入し，2つの木片を十字に結合させます。

　Y字部分にしっかりと置けるように，車軸の各先端に溝をつけます。小川の底にY字の枝を刺し込み，車軸を置きます。自分が欲しい大きさの水車を作ってみましょう。

深く考えるための質問

　子どもたちに改良・改善点を提案させてみましょう。必要に応じて，次の質問をしてみます。

・水車のサイズは重要ですか。
・羽根の枚数は重要ですか。

Photo: Lena Sköldberg

水車３

時　間：40分。
準備物：ナイフ，ジャガイモまたはリンゴ。
目　的：水車を造り，それがどのように作動するかを調べます。水流エネルギーを利用し，水力のテクノロジーの進歩について具体的に学びます。
対象年齢：10〜16歳。

方法

羽根を造るために，ジャガイモまたはリンゴに枝を串刺しにします。ジャガイモには5〜6列が必要です。ジャガイモの両端に約10センチのまっすぐな枝を刺します。2本のＹ字状の枝を川床に差し込んで，その間に水車を掛けます。

情報

今日，タービンが水車の代わりに使われます。タービンはより速く回すことができ，さらに効率的です。

水車は，中世におけるテクノロジーの進歩にふさわしい事例です。それは中世の文化に機械的かつ技術的な知識があったことを明らかに証明しています☆。

水車は，鉱山と鉄工所で使用するためにも造られました。その場合は一般的に異なる構造が用いられました。すなわち，主要な動力が水流エネルギーではなかったのです。その代わりに，水車にバケツが取り付けられ，そのバケツは水車の位置より上にある水源からの水で満たされ，重力によって押し下げられました。

☆　Bosse Sundin（1991）*Den kupade handen*, p. 94

橋梁工事

> 時　間：自然の素材が入手可能かどうかによります。
> 準備物：自然物。
> 目　的：素材の力を理解します。
> 対象年齢：10〜16歳。

方法

　はじめに，学校の近くの橋に行き，それらの橋がどのように構成されているのかを見て理解します。次に，子どもたちに自然物を使って，小川に橋を架けさせます。川を横切るためには，実際に使われているたくさんの建造物があります。大胆に想像力を働かせましょう。

エクササイズ中に深く考えるための質問

- 橋ができるまで，人々はどのように川を渡っていましたか。
- 初めて橋が造られたのは，どこでどんな素材ですか。
- いつの時代も橋の何が大切ですか。
- 橋には，どんな設計と素材が存在していますか / 存在していましたか。
- 未来の橋はどうなっていると思いますか。未来の橋を設計してください。

解説

　このエクササイズの応用としては，橋のサイズを変えるなどして，1つのグループには手順と計画を準備させ，もう1つのグループにはその計画に従って橋を建設させます。

> 「想像力は知識より重要だ」
> アルベルト・アインシュタイン

情報

　数世紀にわたって，橋梁工事は2つの地点の輸送や通信をより容易に速く行う大切なことでした。水面を行き来する方法を見つけることは，いつの時代も重要な関心事だったのです。

A型の橋づくり

時　間：1.5 時間。
準備物：3 本の棒，そのうち 2 本（メインポール）は長さ 3～4 メートル，1 本（クロスポール）は約 1.5 メートル，麻ひもか細いロープ，10 メートルのロープ。
目　的：縛り方と結び目について学びます。また，川を渡るためのテクノロジーについて具体的に学びます。
対象年齢：10～16 歳。

方法

　子どもたちの体重を支えるのに十分な強さがあり，直径約 10 センチの棒を選びましょう。
　A の形状に棒を配置します。横木は，2 本の柱の外側に張り出します。3 つすべての角を上から縛ります。最後に，ロープをフレームの上部に結びます。
　この橋の使い方は次の通りです。最初に少し A 型の橋を持ち上げて，横木に子どもを座らせます。それから，ロープを使って調整しながら垂直に A 型の橋を持ち上げ，ゆっくり反対側に下します。乗客が地面に下りたところで，別の乗客のためにフレームを引き戻します。

第4章 水のアクティビティ

火――敵か味方か

第5章
火を使ったアクティビティ

　私たちの祖先にとって，火は照明や熱の源として，とても大切なものでした。また火は，そのような大切な存在とは別の側面も持っていました。人々の生活を便利にしてきた多くのテクノロジーと同じように，火は負の効果ももたらしたのです。森林火災，家屋の火災，火の不始末は，昔の人類の安全を脅かし，制御できないテクノロジーに直面したときの人類の脆弱性を明らかにしました。昔の人類が，私たち現代人と同じようにテクノロジーに依存していたことを忘れないでください。現代社会においては，停電が壊滅的な結果をもたらす可能性もあります。

　多くの歴史家たちは，火は最初の「発明」の1つだと考えました。落雷やそれに類するものから火を利用することで，人の生活様式が劇的に変化したのです。火を利用することで，人々は寒冷地に住むことができるようになり，食料を煮たり焼いたりすることで食事も変化しました。以前は食べることができなかった作物も，今では食べることができるようになったのです。火の出現によって，太陽や月の光に頼らなくなり，人々が自分たちの起床時間をコントロールできるようになりました。

　次に続くアクティビティでは，火の正しい扱い方を知った上で，火を起こしたり，火を使う場所が必要となります。

自然からの水彩絵の具

> 時　間：植物を見つけるのにおよそ30分，それを火にかけて熱を加えるのに30分。
> 準備物：缶，水，茶こし，出来上がった絵具の入れ物，筆，絵を描く紙。
> 目　的：自然の素材を利用することを学び，技術を使って自然からの色を作り出します。
> 対象年齢：4～13歳。

方法

　クラスの子どもを3～4人のグループに分けます。それぞれのグループで，決められた色の植物を缶に集めます。教師の見えないところには行かないように，そして他のグループと離れて植物探しをしないように伝えます。コケモモ[*]，イトシャジン[†]は青色，トレフォイル (birdsfoodtrefoil)[‡]，イエロー・ベッドストロー (yellowbedstraw)[§]，キンポウゲ[¶]は黄色を出すのに適しています。季節によって手に入れられるものを考えます。

　それぞれの缶に約50ミリリットルの水を入れ，たき火の上で煮ます。黄色の花は約10分，青色の花や実は5分煮ます。平らな石をふたとして使いましょう。

　絵の具を完成させるために草類を裏ごしします。最後に，大きな紙を持ってきて，絵を描きます。あなたの想像力を働かせましょう。

---

[*] 【コケモモ】学名：Vaccinium vitis-idaea　和名：コケモモ（苔桃）
樹高は10～40センチ程度で，直立した幹はぎっしりと密集している。森林に生育するため，日陰で湿度が高く，また土壌が酸性の場所を好む。野生のコケモモは北欧で一般的に見られ，特にスカンジナビア諸国では公有地から収穫することが許可されている。果実は非常に酸味が強いため，通常は砂糖などで甘みを加えて調理し，ジャムやコンポート（砂糖煮），ジュース，シロップなどとして食用にする。コケモモのコンポートは肉料理の添え物とすることがある。

[†] 【イトシャジン】学名：Campanula rotundifolia　和名：イトシャジン（糸沙参）
和名に含まれる「沙参」はツリガネニンジンを意味する。ホタルブクロ属でカンパニュラの仲間である。

[‡] 【トレフォイル】学名：Lotus japonicas　和名：ミヤコグサ
春に花が咲くが，その他の季節にも少しずつ咲く。花はいかにもマメの花，といった形で，鮮やかな黄色。茎は根元で分枝して，地表を這う。茎には節ごとに葉をつける。名前は「都草」の意味であると思われるが，この都は奈良の都であるという説，京の都であるという説がある。いずれにしても，古い時代には分布がさほど広くなく，当時の中心的都市近郊に多かったことを意味するのではないかと言われる。しかし，都草ではなく，実は脈根草，すなわちミャクコングサであったものが訛ったものだとの説もある。別名として，烏帽子草の名もある。花の形に由来するようである。

[§] 【イエロー・ベッドストロー】学名：Galium verum　和名：ヨウシュカワラマスバ，イエロー・ベッドストロー
アカネ科の植物で耐寒性多年草。半日陰から日なたを好み明るいイエローの細かい香りのよい花を夏に密生して咲かせる。葉はチーズなどの色づけに使われる。花は黄色の染色用に使用される。

[¶] 【キンポウゲ】学名：Ranunculaceae　和名：キンポウゲ，ウマノアシガタ
日本では北海道～南西諸島まで広く分布する多年草で，日当たりの良い山野に生える。草丈30～60センチで茎と葉裏には白い長毛がある。花期は春。花は直径1.5～2センチ，長さ10～12ミリ，色は黄色である。その花弁に独特の光沢があることで知られている。花後には約5ミリほどの小球状の果実（集合果）をつける。キンポウゲ科に多い有毒植物のひとつであり，これを食べた牛が中毒を起こしたことがある。中国では「毛茛」と書き，古くから薬として用いられているが，もちろん素人が扱うのは危険である。

> 解 説

　壁紙の裏は大きな画用紙として使うことができます。両親や知り合い，他のクラスを呼んで，学校で展示会を開いてみましょう。

棒切れで揚げ物

時　間：20分。
準備物：アルミホイル，針金，二股に分かれた棒，卵。
目　的：自分で作ったフライパンで料理します。
対象年齢：10〜13歳。

> 方 法

　二股に分かれた棒を探します。または，スローイングスティック（p.36）の道具を再利用します。アルミホイルを棒の二股部分に巻きつけて，針金で固定してフライパンを作ります。その上で卵を焼き，パンに卵をのせて食事に出します。

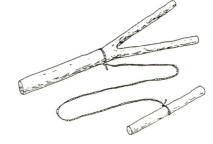

旧式の火起こし

時　間：1時間。あるいは自分の火口*・導火線（火打ち石の点火を促す
　　　　燃えやすいもの）を探すなら，さらに長い時間。
準備物：火打石と鋼。自然からは，火口，焚き付け。代用品を使うなら，
　　　　ファイヤースチール†とタンポン。
目　的：火起こしを通して昔の技術を体験します。今と昔の火の使い方
　　　　について活発に話し合います。
対象年齢：13～16歳。

＊【火口】火打ち石で発火させた火を移し取るもの。
†【ファイヤースチール】メタルマッチとも呼ばれる。棒状もしくは板状のマグネシウム。

方法

▶重要：始める前に，十分に指示を読むこと。

　自然の火口を火打石の火打ちをする端に置きます。切火*を切って，鋼をその端に打ち付けます。火花が火口につくまで繰り返します。

　くすぶり，燃え始めた火口をより大きな火口の塊に入れ，火が広がるように静かに息を吹きつけます。煙を吸い込んだ場合でも，煙が肺に入らないように，顔を背けます。火口の塊が激しく燃えてきたら，それをあらかじめ準備しておいた焚き付けの下に入れます。

現代の方法

　現代のテクノロジーのおかげで，火を起こすことは少し楽になっています。フェロセリウム†から作られた火打ち用の道具が湿っていても，かなり高温の火花を簡単に作り出せます。火口には，ほどいてふんわりさせたタンポンをあてがいます。タンポンと火打石を地面に立てたようにして持ち，カーボンスチールナイフの背か，金属部分で火打石をこすります。

Photo: Robert Lättman-Masch

＊【切火】ヒノキなどの堅い板にヤマビワなどの堅い棒を錐（きり）のようにもみこんで起こした火。また，火打ち石と火打ち金とを打ち合わせて起こした火。古代から行われた発火法のひとつ。
†【フェロセリウム】鉄とセリウムの合金で，表面が荒い物で高速でこすると，3000℃の火花を生む人工の金属。

火打石：火打石は鋼に打ち付けて火を起こすために使われる最も一般的な石です。水晶のような堅い石が使われることもあります。石は鋼に打ち付けて使うために，端が硬くて鋭くなければなりません。石の端が丸くなってきたら，金づちで鋼を打つのと同じようにして，端を削って石を鋭くします。

鋼[*]：鋼あるいは火打金[†]は，火をつけるための物で，火打石に打ち付けられたときに，火花が簡単に出る金属片です。これは昔から，黄鉄鉱[‡]や高炭素鋼のような鉱物です。現代的な合金の火打金は，ナイフの刃のような鋼でこすられただけでも多くの火花を出します。それは鋼というよりはむしろ火打石としての役割を果たします。

火口：火口は簡単に火を移し取ったり，くすぶらせたりする材料です。一般的な物は，アマドゥ[§]（カビ菌のようなもの），干し草，紙，炭布[¶]（炭と同じ方法で造られる—後の活動参照—木材の代わりに植物の繊維を使うこと）。現代的な代用品には，木綿，タンポン，マグネシウム粉があります。

火口の塊：火口の塊は，小さな炎を大きな炎にするために使われる塊です。最初の火口を作ってから，さらに大きな焚き付けに移します。

火を使っていたという最も古い証拠は 140 万年以上前にさかのぼります。少なくとも 12 万 5 千年前には広く使われるようになりました。昔の火の使い手は，森林火災から落雷といった自然発生した火を利用しました。そして残り火をいろいろな場所へと運びました。現在の点火技術は 10 万年よりも新しいと考えられています。詳細はどうあれ，火の扱い方は，人類の進歩にとって最も重要なステップの 1 つでした。

> あなたが怖れていることは難攻不落である。その怖れは，その性質ではなく，あなたの取り組み方によるものだ。
>
> ジュエルキルヒャー

第 5 章　火を使ったアクティビティ

---

[*] 【鋼】鍛えて，質を強くした鉄。炭素を 0.04～1.7 パーセント含む鉄の総称。
[†] 【火打金】火打金（焼き入れをしたはがね）の縁を火打石で打ち擦る様にカチンと鋭く叩いて火花を出す。
[‡] 【黄鉄鉱】硫化鉱物の一種。鉄と硫黄からなる。英名である「パイライト」は，ギリシャ語の「火」を意味する「pyr」に由来する。これは，黄鉄鉱をハンマーなどで叩くと火花を散らすことから名付けられた。
[§] 【アマドゥ】多孔菌から作られる可燃性のスポンジ状の素材。
[¶] 【炭布】綿を炭化させたもので，太陽の光や火花で容易に火を起こすことができる。

パンづくりの科学

時　間：1時間。
準備物：小麦粉（できれば小麦とライ麦をミックスしたもの），イースト，塩。好みでスパイスを加える。燃料とマッチ。パンを焼くための焼き網か平鍋。携帯用コンロ，火を燃やすためのくぼみ。それがなければそれと同じようなもの。バター，チーズ，きゅうり。
目　的：パンが膨らむ過程，また熱の役割（この場合は，体温）を経験すること。火や携帯用のコンロを用いて料理の技術を磨くこと。
対象年齢：10〜16歳。

方法

　1人ひとりの子どもたちが，二重にしたビニール袋の中で，小麦粉，イースト，塩を混ぜ合わせて，それをこねてパン生地を作ります。できれば，自然の生のスパイスを加えます。パン生地が滑らかになるように，必要に応じて小麦粉を追加します。
　その袋を自分の服の中に入れます。そうすることで体温のおかげで，パン生地が膨らみます。他の活動をしながらでも，膨らませることができます。全身で膨らむ過程を感じることができ，最終的には美味しいパンが出来上がります。
　パン生地が膨らんだら（約30分），それをたき火や携帯用のコンロの上に置いた平鍋に入れて，調理します。

▶パンづくりの調理手順

　パンを焼く工程には，3段階あります。すべての材料がパン生地に混ぜられると，パンの品質を左右する香りと味を決める工程の始まりです。

　第1段階：タンパク質のグルテン*とグリアデン†は小麦粉の中に元々存在しますが，水を混ぜるとグルテンのネットワークが形成されます。このネットワークはパンの形を維持し，気泡をとらえます。その結果，パンが膨らみます。グルテンの糸はパン生地をこねている間，最初に形成されます。

　第2段階：イーストはパン生地の中にある糖分を発酵させ，副産物として二酸化炭素を生み出します。そのガスはグルテンのネットワークの隙間にたまり，パン生地を膨らませます。こうして膨らんだように見えるのです。その膨らみがパンの量を増し，そしてまた風味を与えます。

　第3段階：最終的にパンを焼きます。パン生地が膨らみ，パンの形に近づいてくると，パンを焼く準備の完了です。パンを焼く熱がパン生地を安定させます。その熱が二酸化炭素を発生させる酵素‡の活動を活発にします。この過程がパンをさらに膨らませるのです。パンの皮はこの段階で作られ，その色もパン生地の中の砂糖のカラメル化§によって決められます。

　塩はパン焼きの風味を出すために使われるだけでなく，グルテンのネットワークを強めることから，より膨らみを増し，しっかりしたパン生地にしてくれます。塩を入れすぎると，イーストにはよくない効果をもたらして，かえってパンが小さくなってしまいます。一般的なおすすめは，500ccの水に対して1パーセント，あるいはティースプーン1杯の塩です。

　パンづくりのコツ：小麦粉が多すぎると，膨らみの少ない硬い生地になります。全粒粉100%を使うと，ペタンとしたパンが出来上がり，精白小麦粉を3分の1混ぜると，より軽いパンが出来上がります。

---

* 【グルテン】小麦，ライ麦などの穀物の胚乳から生成されるタンパク質の一種。麺類やパンなど，小麦加工品を作る上で弾性や柔軟性を決定し，膨張を助ける重要な要素である。

† 【グリアデン】コムギ属植物の小麦およびその他の穀物中に存在する糖タンパク質の1つである。グリアデンはグルテンを形成する役割で知られている。

‡ 【酵素】酵素は，私たちの体の中で起こっている様々な化学反応を促進（触媒）するタンパク質。食べ物の消化や吸収，代謝，不要なもの・有害なものの排泄なども酵素があって初めてスムーズに進行する。人間を含む動物，植物，微生物は，体の中でそれぞれが生きていくために必要な酵素を作っている。一方，酵母は，目には見えない小さな生き物である。具体的には，5〜10ミクロン（1ミクロンは1ミリの1/1000）の単細胞の微生物で，土，水中，植物の葉・花，果実の表面や哺乳類・鳥類などの皮膚や体内にも住んでいる。種類によっては，糖分を利用してアルコールにする「発酵」という能力を生かし，酒や味噌・しょうゆ・パンなどの発酵食品を作るのに利用される。

§ 【カラメル化】糖類が引き起こす酸化反応等により生じる現象で，調理において香ばしさや焦げ色の原因となる重要な現象である。

発火温度

> 時　間：40分。
> 準備物：様々な可燃物で，新聞紙，様々な種類の木，マッチのようなもの。
> 目　的：材料が違えば，それぞれ違った発火温度になることを具体的に学びます。
> 対象年齢：13～16歳。

方法

子どもたちに火を起こさせます。材料が違えば，異なる温度で発火することを話し合って確かめます。例えば，木片よりも新聞紙は火が付きやすいのです。

情報

火には3つの物が必要とされます。燃えやすいもの（燃料），酸化剤，それから熱です。新聞紙は燃料の一例です。火花やマッチは熱を出し，空気中の酸素は酸化剤になります。3つのうちどの要素が欠けても，火は付きません。発火温度とは，燃料が大気中の酸素と反応し燃え始める温度のことです。新聞紙は180℃で発火します。木材はおよそ250℃で発火します。言い換えると，新聞紙を使って火を起こす場合には，180℃の熱が必要になります。

新聞紙は180℃で発火

木材はおよそ250℃で発火

炭づくり

> 時　間：炭の棒を作るのに２時間。さらにそれを使う時間。
> 準備物：ナイフ，植木バサミ，ブリキ缶，焼き釜用手袋。自然からは，砂，土あるいは灰。
> 目　的：絵を描くための木炭を作り，炭が何か，そしてその使い方を学びます。
> 対象年齢：10 〜 16 歳。

方法

　指の太さの小枝を集めます。ハシバミかライムのような堅い落葉樹が最適です。トネリコ，ブナ，樺，ハコヤナギも使えます。

　缶の大きさに合うように小枝を切ります。木の皮をむき，それを缶の中に隙間なく入れます。缶の隙間に砂，土あるいは灰を詰めます。缶をひっくり返して火に入れます。火が全体に回るようにしっかり確認します。少なくとも１時間待ちます。

　１時間経過したところで，手袋を使って，缶を慎重に火から取り出します。木炭を取り出す前に缶を冷やしておきます。鋼の水切りボウルを使い，再利用するために砂をより大きな入れ物に集めておくことをお勧めします。

　木材にどんなことが起こっているのか，子どもたちと話し合います。はじめのうち木材は水蒸気を出し，それから黒くなり，ついには灰になります。木材が灰にならないように缶に砂をつめ，酸素が入らないようにします。

　木炭ができたら，それらは絵画を描くのに使えます。みんなに行き渡るだけの木炭が十分になければ，木炭は簡単に折って分けることができます。描く筆圧を変えれば，様々な色合いを出すことができます。また指で絵をこすると滑らかな陰影をつけることもできます。色留め剤としてヘアースプレーが使えます。

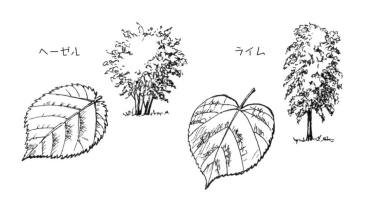

ヘーゼル　　　　　　　ライム

もしうまくいかなければ：最も一般的な失敗の原因は，缶全体にうまく火が回らないからです。火を棒でつついて，缶をひっくり返さないようにすることも大切です。

このエクササイズは炭を使うだけでなく，炭焼きの工程そのものについて話し合うことができます。

深く考えるための質問

・木片が燃えるとどうなりますか。
・なぜ鍛冶屋は木ではなく炭を使ったのでしょうか。
・現在，鍛冶屋はどのように働いているのでしょうか。彼らは炭を使っているでしょうか。
・炭窯が最も使われていたのはいつの時代で，どの程度一般的だったのでしょうか。
・現在，炭はどのように作られているのでしょうか。

> 変化の扉は内側からのみ開く。
> スチーブン・コーベイ

次の保護者会へのヒント

次の保護者会は，アウトドアで，炭を使った美術の作品展を開催しましょう。筆者の経験では，アウトドアでの保護者会は興味深いもので，良い場所が提供されると，良い結論が得られます。また，目新しい環境のほうが情報を受け入れやすいのです。両親に自分たちの木炭を作ってもらいましょう。

情報

炭は木材の熱分解によって生み出され，木材の燃料的な価値が著しく高くなります。炭焼きは，6000～7000年前，当時の都市国家が金属加工のために小型燃料を必要としたことから始まったと考えられています。

人類が火の起こし方を発見する以前，たいていは落雷のような自然火災から赤く燃える石炭を取り出したのでしょう。

歴史的に，炭焼きは森林での重要な産業でした。鉄を作るのに炭が必要とされました。炭は主に，鉄工業と鍛冶場で消費されました。炭はまた，火薬の製造にも必要でした。そして第二次世界大戦中には，車の動力となる木ガス*を作り出すために炭が大量に使われました。

このエクササイズは，炭素循環†の優れた教材になります。

タール‡を作る

> 時　間：準備に1時間，火を使って1時間。
> 準備物：缶2つ，1つは大きいもの，もう1つは小さいもの（例えば，炒り豆の缶）。40センチ四方の薄い金属板。心材*(焚き付け用の木材)，粘土。
> 目　的：タールと炭の製造を体験します。
> 対象年齢：13～16歳。
>
> * 【心材】樹木の材の中心に近い，濃い色の部分。樹脂が多く，水分が少なく，強度，耐久性に優れている。

方法

松のタールは，心材，すなわち松の切り株や根の樹脂の多い木材から作られます。最もよく見られる場所は，松の木が30年くらい前に切り倒された土地です。地面に残っている切り株は，たいてい突き出ていて地面から手でねじって取りやすく，松脂（まつやに）の匂いがします。

---

* 【木ガス】木材を乾留（空気を遮断して固体有機物を加熱分解し，留出物と残留物とに分離する操作）したときに生じる可燃性の気体。主成分は一酸化炭素・メタン。
† 【炭素循環】地球上の生物圏，岩石圏，水圏，大気圏の間で行われる炭素の交換という生化学的な循環。
‡ 【タール】有機物質の熱分解によって得られる，粘り気のある黒から褐色の油状の液体である。大部分のタールは石炭からコークスを生産する際の副産物として産出されるが，石油，泥炭または木材その他の植物から作り出すこともできる。乾留液ともいう。

ノコギリで心材を小さい木片にして，大きい缶にしっかり詰め込みます。金属板の真ん中に穴を開けます。地面を掘って，小さい缶を地面の高さまで立てます。それを穴が缶の真ん中に来るように金属板で覆います。心材を入れた大きい缶をひっくり返して，金属板の穴の上に置きます。隙間を粘土で埋めます。火を起こし，缶全体を1時間程度燃やします。1時間経ったところで，大きい缶と金属板を取り除き（適切な手袋を使うこと），小さい缶を調べてみます。

　缶に棒切れを少し突っ込み，中身の匂いをかぎます。どんな匂いがするでしょうか。大きい缶の中身も調べてみましょう。

　タールとは何か，また何に使われるかについて話し合ってみましょう。

　タールはなぜ船に使われるのでしょうか。

　小さい缶の中にある黄色あるいは茶色の液体は松のタールで，大きい缶に残っているものは炭です。この経過は分解蒸留*と呼ばれ，一種の熱分解†です。タールは香りのある炭化水素☆,‡が主な成分です。

---

* 【分解蒸留】石油工業の石油精製工程で用いられる単位操作のことで，クラッキング（石油化学でいう接触分解のこと）とも呼ばれる。
† 【熱分解】物質に熱を加えたときに起こる分解反応。工業的には，ある単一物質を他の物質へ変換するのに用いられる。
☆ en.wikipedia.org/wiki/Pine_tar （2010-02-10）
‡ 【炭化水素】炭素原子と水素原子だけでできた化合物の総称である。

装飾品

> 時　間：準備に40分，火を使って40分，仕上げの磨きに20分。
> 準備物：陶芸用の粘土，缶，鉄線，磨き用のスプーン。自然からは，草あるいはおがくず。
> 目　的：これは，柔らかい粘土を燃やし，磨くことによってそれを堅くする技術です。昔使われたこの技術を体験します。
> 対象年齢：10～16歳。

方法

はじめに粘土でビーズづくりをします。それから，鉄線の長さにビーズを通して，それを缶に入れます。草やおがくずのような燃えやすいものとビーズを交互に層にして缶一杯に入れ，それを火の中に入れます。はじめは強火にし過ぎないようにして，中身をゆっくり過熱します。そうしない場合は，缶を火の端に置き，少しずつ火に近づけて加熱します。ポッポッとはじけるような音が聞こえたら，熱が強すぎてビーズが割れている合図です。缶の中に酸素が入らないようにするには，ふたをすることが大切です。

徐々に火を起こし，缶の中身が600～700℃になるまで焼き入れをします。それから注意深く棒で火から缶を取り出します。一般的に，これは火の勢いが弱くなってから行います。最後に，缶を冷やしてから，開いてみるとビーズは完全に黒くなっています。ビーズが完全に乾いて冷えてから，スプーンで磨いてピカピカにします。艶が出た表面は，通気性がほとんどありません。これらは，釉薬*（ゆうやく）が発達する前には重要な工程でした。

解説

このエクササイズは，すべての年齢の子どもたちに人気があります。

＊　【釉薬】陶磁器や琺瑯の表面をおおっているガラス質の部分である。陶磁器などを製作する際，粘土等を成形した器の表面にかける薬品のこと。

狼煙(のろし)＊から携帯電話まで

> 時　間：火を囲んでのグループ活動を１時間。その後，子どもたちはコミュニケーションに関するテーマで活動します。例えば，未来のコミュニケーション手段について考えます。
> 準備物：火を起こす様々な種類の用具。
> 目　的：コミュニケーションの分野における技術的な発展を学びます。コミュニケーションの過去から現在，そして未来について考えます。
> 対象年齢：13～16歳。

方法

　火を起こす様々な技術を使います。例えば，火打石と鋼，それとマッチ。自然の中で，どこで火口や燃料を見つけられるか，十分に時間をとって話し合います。子どもたちに，火の上で緑の針葉樹の枝を波打つように振って，狼煙を出す方法を見せます。エゾ松の枝が特に濃い煙を出します。

火を囲んでの話し合い

- 昔，人々は火を何のために使っていましたか。また，今はどのように使っていますか。
- 昔，火はどのように作られましたか。
- 今現在，私たちはコミュニケーションをとるために，どのようなテクノロジーを使っているでしょうか。
- 今現在のコミュニケーション手段は，環境にどのような影響を与えているでしょうか。
- それらのコミュニケーションは，私たちにどのような影響を与えているでしょうか。私たちは常に連絡をとらなければならないのですか。
- 未来のコミュニケーション手段はどのようになるでしょうか。

　子どもたちにはペアになって歩いてもらい，疑問に感じたことを話し合います。その後，自分たちの考えをクラスで発表します。教室の中で椅子に座っているより，散歩をすると，まったく違った考えがひらめくものです。

情報

　携帯電話が初めて商業用として入手可能になったのは1956年でした。それは車のトランクに取り付けられていました。

＊【狼煙】物を焼くことで煙を上げ，それを離れたところから確認することによって，情報を伝達する手段である。夜間など煙が見えない場合は，火そのものも使われる。

> [!NOTE] 解説
>
> 筆者の経験では，学校には振り返りの時間がほとんどありません。テクノロジーやテクノロジーの進歩について考え，振り返る時間を子どもたちに与えましょう。携帯電話は子どもたちの生活の中で，とても重要な役割を果たしているので，携帯電話について考えるのはテクノロジーやテクノロジーの進歩について考える良い機会といえるでしょう。このような方法で，テーマに沿った活動を行うと，考えが深まり，コミュニケーションに関する次の活動にも集中できるのです。

> 自分自身と自分の考えを信じなさい。自分が信じられなければ，他の誰を信じられようか。ある考えがうまくいかないと思うのは簡単だ。しかし，賛同を得るために100の反対に立ち向かうことができると感じるのなら，あなたは何をためらうことがあろうか。
> 　　　　　　　　　　　　作者不詳

うなり板

時　間：40分。
準備物：堅木（広葉樹材），ナイフ，ノコギリ，ドリル，ナイロンのひも，紙型。
目　的：コミュニケーション用の道具を作ること。現代の携帯電話と比較して，コミュニケーション手段の発展の歴史を振り返ること。
対象年齢：10〜16歳。

方法

　長さ15〜25センチ，幅3〜6センチ，厚さ5〜10ミリの木を切り出します。木にうなり板の形を描きます（イラストを参照）。上は平らで，下はとんがっています。角に丸みをつけてもよいでしょう。鋭い輪郭を作るために，端をナイフでザクザク削ります。ナイフの先かドリルで，上部の真ん中に穴を開けます。穴にひもを通し，結びます。ひもはつかむところが十分に太い必要があるものの，うなり板が捩じれるように細くなければなりません。

　うなり板を空中で回してみましょう。板が「歌っている」のが聞こえるでしょう。周りに人がいないことを確認します。

情報

　うなり板は世界中で使われ，旧石器時代の墓でも見つかっています。それは儀式だけでなく，実際に使われることもありました。例えば，コミュニケーションや，動物を誘き寄せるためにも使われたのです。

石器時代の接着剤

時　　間：40分。
準備物：缶，蜜蝋＊，松脂。
目　　的：粘着性の一形態に着目します。
対象年齢：13〜16歳。

＊【蜜蝋】ミツバチ（働きバチ）の巣を構成する蝋を精製したもの。色は，ミツバチが持ち運んだ花粉の色素の影響を受け，鮮黄色ないし黄土色をしている。

方法

石器時代の接着剤は，蜜蝋や松脂と同じ部分から作られます。材料を一緒に混ぜ，それを缶に入れ，火にかけます。それらは溶けて混ざり合います。（固くなった接着剤をきれいにとるのは大変なので，ポットを使わないほうがいいでしょう。）混じり合ったものを茶褐色になるまで煮詰めます。よく煮詰まる前に接着剤を使うと，うまく固まりません。接着剤はプラスチックの熱接着剤のように，冷えるにつれて固まってしまいます。

・接着剤を使って，何かを作ってみましょう。
・今現在，どのような種類の接着剤が作られていますか。見つけ出してみましょう。
・接着剤の代わりに，何が使えるでしょうか。
・接着剤ができる前は，物をつなげるのにどのような技術が使われたでしょうか。

重要：接着剤を激しく熱しすぎると，煙に火が付くことがあります。接着剤を作っている間は子どもたちから目を離さないでください。

接着剤の歴史

1969	にかわ＊（animalglue）の最初の工場。オランダ。
1754	魚接着剤（fishglue）の特許。イギリス。
1800	ケース入り接着剤の商業生産。スイス。
1909	ベークライトの特許。
1919	フェノール糊紙の特許。積層版†の家具。
1925	最初の粘着テープを発売。
1939〜1945	第二次世界大戦：様々な種類のプラスチックと接着剤の開発。

＊【にかわ】動物の骨，皮，腱（けん）などから抽出したゼラチンを主成分とする物質。木竹工芸の接着剤などに利用される。通常，板状か棒状に乾燥させて保存し，湯煎（ゆせん）によって適当な濃度に溶かして用いる。
†【積層板】複数の木材を貼り合せて，繊維を強化した複合材料のこと。

> 解説

　できれば，接着剤や他の接合の技術を活用している家具工場のような企業を見学してみましょう。

> 情報

　接着剤は，現在の建築技術の1つでもあり，昔のテクノロジーでもあります。考古学者は紀元前4千年頃のバビロニアの寺院で象牙の目を松脂で接着している像を見つけています。古代エジプト人は家具を作るのに接着剤を使いました。それらの接着剤は骨や皮を煮詰めて作られました。それは，20世紀に入ってもよく使われた方法でした☆。

魚の接着剤

> 時　間：2時間弱。
> 準備物：小さなスズキ（それぞれ400グラムぐらい）15匹の皮。魚屋で皮だけを手に入れることができます。
> 目　的：もう1つ別の歴史的な接着剤の技術について具体的に学びます。
> 対象年齢：13～16歳。

> 方法

　魚の皮を細かく切ります。1リットルの水を加え，1時間煮ます。うろこや皮の残りを濾します。残った水を適切な濃度になるまで煮詰めます。冷えるとかなりとろみが出てくるので，
冷やし過ぎないように気を付けること。冷やして，木の接着剤の濃度と同じくらいにします。固かった場合には，水を加えて，もう一度煮ます。

> 情報

　魚の接着剤は，有史以前に矢の筈*に矢じりをつけるための接着剤として使われました。今日それは木，鋼，ガラスを接着するのに使われています。それは熱に強く，水に弱い性質があります。

☆　Tidernas kemi (folder for national day of chemistry, 2007). Plast- och kemiföretagen.
＊　【筈（の，へら）】矢の，竹の部分。

📝 Notes

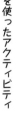

第5章　火を使ったアクティビティ

第6章
テクノロジーの歴史

　実際のところ，人類とテクノロジーを結ぶ歴史はいつ始まったのでしょうか。私たち現生人類＊と同じ種であるホモサピエンスに関する最も古い形跡は13万年前に遡ります。しかし，ヒト族は少なくとも250万年前に存在していました。同じことは，テクノロジーにも当てはまるでしょう。

　生命が地球上に誕生したのは，およそ35億年前とされます。そこから考えると，人類誕生はきわめて最近のことです。それにもかかわらず，人類とテクノロジーの歴史を理解することは，とても時間がかかり難しいものです☆。

　次に続くエクササイズでは，こうした歴史上に起こった数々のテクノロジーの革新を学ぶための出発点を提供していきます。

＊【現生人類】現在地球上に広く分布する人類，およびこれと生物学上同種の化石人類をさす名称。
☆　Sundin（1991）

21の議論＊

> 時　間：30分と準備時間。
> 準備物：サイコロ（なくさないように大きなものがいい），課題や質問を記した用紙（写真を参考にしてください）。
> 目　的：テクノロジーについて，話し合い，考え，振り返ります。質問を与えて，多くの話し合いをしましょう。
>
> 以下に，2種類の年代別の質問例が記してあります。

方法

写真に示してあるように，それぞれの用紙に番号付けされた課題か質問を書きます。用紙をいろいろな場所に配置したあと，子どもたちはそれらの用紙を探し出します。

クラスをいくつかのチームに分けます。チームの1人がサイコロを振ります。そのあと，チーム全員が手をつなぎ，みんなで一緒に出た目の番号の用紙を探します。用紙を見つけて，課題を完成させるか，または，質問に回答したとき，みんなでサイコロの場所に走って戻り，もう一度サイコロを振り，最初に振ったサイコロの値と2回目のサイコロの値を足し合わせて，次の用紙の

番号を探します。このアクティビティを行っている間，チームは常に一緒に行動しなければなりません。そしてサイコロの値の合算が21を超えれば終わりとなります。このアクティビティは競争ではありません。チームは時間をかけて，できるだけ正確に課題を遂行しなければなりません。

解説

子どもたちには，クラス全体か他のチームに対して，少なくとも1つは課題を説明させるようにします。また，子どもたちには，自分たちがクラスに説明できるように，各課題に関する議論と答えを書きとめさせましょう。複数のグループが同じ課題を行うこともあるでしょう。その際は，それぞれのチームでどのように対応したかを比較することで興味を引くことができます。

＊　【討論と議論】討論とは，ある事柄について意見を出し合って議論をたたかわせることを意味する一方，議論とは互いの意見を述べて論じ合うことや，その内容を意味する。つまり，討論では互いの主張の正しさが判定されるため勝ち負けが存在する。しかし，議論は意見を皆でその場に出し合う共同作業といえる。

7〜13歳用の 21 の議論の例：

1. テクノロジーを取り入れたモノに関する名前をあげます。グループの1人ひとりが，思いついた最初のモノの名前を言います。
2. 今日，何かテクノロジーを取り入れたモノを使いましたか。もし使ったなら，何を使いましたか。この活動の前にあなたが使ったテクノロジーを取り入れた道具を少なくとも1つ考えてください。
3. 電線を使わずに，どうやって携帯電話は動いているのでしょうか。
4. キッチンにはテクノロジーがたっぷり詰まっています。グループのみんなで，テクノロジーが取り入れられた台所用品の名前をあげてみましょう。
5. 教科書を印刷すること。これはテクノロジーでしょうか。
6. 電車のように縦一列につながったままでサイコロの場所まで走って戻ります。電車はどうやって連結していると思いますか。
7. 今はたくさんのビデオゲームがありますが，ビデオゲームのなかった時代に，子どもたちは何をして遊んでいたのでしょうか。
8. 紙飛行機を折ること。これはテクノロジーでしょうか。
9. 誰でも発明家になれると思いますか。なぜなれたり，なれなかったりすると思いますか。
10. 家の冷蔵庫にマグネットはくっついていますか。冷蔵庫のない時代に，食べ物はどこで保存されていたでしょうか。
11. 電話のない時代に，人がお互いに話をしたいと思ったとき，その時代の人たちはどうしていたと思いますか。
12. 今現在，あなたが大きな岩を動かすには，機械に頼ります。そういった機械がなかった時代に，人はどうやって岩を動かしていたのでしょうか。
13. 旅行の方法を少なくとも4つは考えましょう。あなたは，どの方法が一番環境にやさしいと思いますか。
14. 服が汚れたとき，あなたはその服を洗濯機に入れますね。では，洗濯機がない時代の人たちはどうしていたでしょうか。
15. 近頃，私たちは出来合いのパンをよく買います。そうした出来合いのパンがお店で売られる前の時代，パンはどうやって作られていたのでしょうか？
16. 台所でコンロや電子レンジが使えなかった時代，食事はどうやって作られていたと思いますか。
17. 他の惑星からやってきた宇宙人に今まさに出会ったと想像してください。その宇宙人に，CDとはどんなものか説明してみましょう。
18. あなたは，MP3プレイヤーを見つけた宇宙人に出会うとします。宇宙人はそれがどんなものなのか知りたがっています。MP3プレイヤーについて，宇宙人に説明してみましょう。宇宙人は，特にこの小さな箱の中にどうやって音楽を入れたのかを知りたがっています。

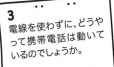

3 電線を使わずに，どうやって携帯電話は動いているのでしょうか。

5 教科書を印刷すること。これはテクノロジーでしょうか。

> 討論や論議の目的は，勝利のためではない，進歩のためにあるべきだ。
> ジョセフ・ジュベール

19 飲み物のストローはテクノロジー的なモノでしょうか。
20 牛乳用の紙パックがどうやって作られるのか話し合ってみましょう。
21 お互いにハグして。

13〜16歳用の21の議論の例：

1 自宅の冷蔵庫にマグネットはくっついていますか。そのマグネットはずっとそこにありましたか。冷蔵庫が作られる前の時代に，食べ物はどこで保存されていたでしょうか。
2 ファスナーは1891年にジャドソンというアメリカ人が考案しました。ファスナーが発明される前の時代，人は何を使っていたでしょうか。ファスナーとはテクノロジーを使ったモノでしょうか。
3 紙を折ってモノの形を作る遊びは「折り紙」です。あなたも，ダーツのような紙飛行機を折ったことがあるでしょう。では，折り紙とはテクノロジーでしょうか。
4 どうしたら強盗から家を守ることができるでしょうか。それはテクノロジーが関係する事柄でしょうか。警報がどうやって作動するのか，お互いに説明してみましょう。
5 バーベキューをするために森に出かけたところを想像してください。今現在，何のために火を使いますか。昔は何のために火を使っていたでしょうか。火を起こすことはテクノロジーでしょうか。
6 今現在，私たちはどのような方法で旅行しますか。昔の人はどんな方法で旅していたでしょうか。交通とはテクノロジーでしょうか。
7 生きていく中でテクノロジーを発展させた動物はいたでしょうか。その動物と人とは何が違うのでしょうか。
8 あなたの自宅の台所にあるテクノロジーを使ったモノを10個，リストにします。その中に，あなたには必要のないモノはありますか。
9 人がコミュニケーションをとるときに使う3つの方法をチームで話し合います。コミュニケーションはテクノロジーに関わりがありますか。
10 ストローを使って一番最近飲んだ飲み物は何ですか。ストローはテクノロジーに由来するモノでしょうか。
11 タイヤはいつの時代にも存在したわけではありません。あなたは今日，タイヤを使いましたか。タイヤが考案される前の時代，輸送はどうやって行われていたのでしょうか。
12 本を読むことは私たちにとって当たり前のことです。本がなかった時代に，人は何を読んでいたのでしょうか。必要な情報をどうやって入手していたのでしょうか。紙とはテクノロジーに由来するものでしょうか。今現在，

10
ストローを使って一番最近飲んだ飲み物は何ですか。ストローはテクノロジーに由来するモノでしょうか。

14
現在，巨大な岩を動かしたい。どうやってその岩を動かしますか。昔の人たちはどうやって動かしていたのでしょうか。これは，テクノロジーに関連する事柄でしょうか。

20
今日，今までのところで，あなたはいくつのテクノロジーに由来するモノを使いましたか。注意深く考えてみてください。

紙はどうやって作られているのでしょうか。
13 今現在，私たちはどのように食べ物を保管しているでしょうか。私たちの祖先はどうやって保管していたでしょうか。これは，テクノロジーに関連する事柄でしょうか。
14 現在，巨大な岩を動かしたい。さて，どうやってその岩を動かしますか。昔の人たちはどうやって動かしていたのでしょうか。これは，テクノロジーに関連する事柄でしょうか。
15 石器時代と比べ，現在私たちはどうやってゴミを処理しているでしょうか。ゴミを分類すること，これはテクノロジーでしょうか。
16 世紀の変わり目に，スウェーデンのテクノロジー新聞であるニー・テクニーク（Nyteknik）は，20世紀の最も重要な発明をランク付けするため，読者調査を行いました。第一位になった発明を予想してください。20世紀のテクノロジーの進歩の中で最も重要だと思うものは何でしょうか。
17 他の惑星の生物に今まさに出会ったと想像してください。（その生物に）一輪車がどんなものか，何に似ているのか，どうやって使うのか，を説明してください。
18 私たちは仕事の中でテクノロジーを使っています。それらの多くは電気を動力源としています。電力がなくなってしまい，テクノロジーが動かなくなったら，あなたはどうするつもりですか。自宅で数日間，電気なしの生活をするとして，何が役に立ちますか。
19 発明家の名前を知っていますか。その発明内容をお互いに話し合ってみてください。
20 今日，今までのところで，あなたはいくつのテクノロジーに由来するモノを使いましたか。注意深く考えてみてください。
21 お互いにハグして。これってテクノロジーですか。

質問16の回答は，トランジスタです。

> 良きリーダーとは正しいことを行う人ではない，為すべき正しいことを見出す人物だ。
> アンソニー・T・パドヴァーノ

科学の森サーキット

時　間：40分。
教　材：ロープ，ある発明が記載してあるメモ用紙（メモごとに記載内容が異なる），洗濯バサミ。
目　的：テクノロジーの歴史を学びます。
対象年齢：13〜16歳。

方法

　森の中を周遊するように，長いロープをかけます。ロープは，例えば，この500年間というように時間の経過を表します。ある発明のことが記載してあるメモと洗濯バサミを全員に配ります。しかるべき時間軸上に，それぞれのメモをとめましょう。その際，メモの配置がお互いに近くなりすぎないように，100メートルは1000年に対応するといった時間的な基準を示しておきましょう。

イノベーションによる新製品の例

- 電話
- 温度計
- 携帯電話
- トランジスタラジオ
- 車輪
- テレビ
- くし
- 靴
- 陶器
- 衣服
- 印刷

　子どもたちと様々な新製品について論議しましょう。そして，各分野の中で生じた進歩や，どのように製品が変化したのかについて話し合いましょう。

解説

　ロープの年代に変化をつけることで，子どもは適切な年に新製品を吊すことができます。

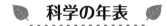 科学の年表

> 時　間：最初にインドアで発明家や発明品について学ぶことが重要です。その後，アウトドアに出て年表エクササイズを行います。エクササイズ自体は約1時間かかります。
> 準備物：長いロープ。子ども用のメモ帳。子どもが選んだ発明品のサンプルか写真。サンプルや写真を吊すための洗濯バサミ。
> 目　的：発明品が作り出された時期を可視化し，様々な新製品を実際に説明してみましょう。テクノロジーの歴史上で，明らかな出来事を使ってテクノロジーの歴史年表を作りましょう。このエクササイズは，現代までどのようにしてテクノロジーが発展してきたのか，子どもたちが理解を深めるのに役立ちます。
>
> 対象年齢：10～16歳。

 方 法

　子どもが発明を見つけて年表に盛り込みたくなるように，調査とテクノロジーの関係やテクノロジーに由来する製品に興味を持てるようにしましょう。子どもが発明品を年表の正しい位置に配置できるようにしましょう。もし可能なら，発明品のサンプルを使って実演しましょう。それができなければ，発明品の写真や，その名前が書かれたメモ用紙を使いましょう。年表の正しい位置に発明品を配置できたなら，子どもたちそれぞれが自分で選んだ発明をプレゼンする機会をつくりましょう。

イベントの例：

～3500BC	最初の組織化された定住社会の誕生。
～3000BC	陶芸家用のろくろ。軸の周りを回転する円盤の上に粘土を置きます。陶芸家はたった数分でつぼを作ることができます。
1450	ドイツ人のグーテンベルグが組み替え可能な活字印刷を発明。
1593	イタリア人のガリレオが温度計を発明。
1643	イタリア人のトリチェリが気圧計を発明。
1785	フランス人のブランチャードがパラシュートを発明。
1800	イタリア人のボルタが電池を発明。
1866	スウェーデンのアルフレッド・ノーベルがダイナマイトを発明。
1876	スコットランド系アメリカ人のアレクサンダー・グラハム・ベルが電話を発明。
1879	アメリカ人のエジソンが電球を発明。

1885	イギリス人のスタンレーが現代の"安全型自転車*（safetybicycle）"を発明。
1888	スコットランド人のダンロップが空気式タイヤを発明。
1891	アメリカ人のジャドソンがファスナー（zipper）を発明。
1907	アメリカ人のスパングラーが電気掃除機を発明。
1914	アメリカ人のメアリー・フェルプス・ジェイコブが現代的なブラジャー（女性用下着）を発明。
1931	アメリカ人のハースが現在の形の（生理用）タンポンを発明。
1939	ロシア系アメリカ人のシコルスキーがヘリコプターを発明。
1970	アメリカのIBMがフロッピーディスクを発明。

（この年表はボニエ・テクニーク（Bonniersteknik）に基づく。ある発明家や年代には異議が唱えられている。）

解説

　年表エクササイズは，森の中で長い距離を歩いて完成します。筆者は年表をそのままの状態にしておいて，良い経験ができました。親たちが懇談会のときにその年表を見ることができたのです。年表エクササイズに関連付けて博物館を訪れれば，歴史的なテクノロジーの発展の感覚を，さらに強められるでしょう。

　アウトドアでのエクササイズの実施はとても役に立ちます。なぜならば，より大きな視点で（ものを）見れるようになるからです。また，アウトドアにいることで，私たちはより創造的に，健康に，そして幸せになるでしょう。

＊　【安全型自転車】後輪よりも大きな前輪を付けてサドルの位置が高い昔の自転車ではなく，サドルの位置が低く，前後とも同じサイズの車輪であり，フレーム形状，サドル・ハンドル・ペダルとクランク軸のバランスが合理的に設計された現在のスタイルの自転車の原型。

🍃 紙づくり☆ 🍃

時　間：事前準備をどの程度行ったのかと，子どもがどの程度活動するのかに依存します。

教　材：大きなボウル，かき混ぜ用の木製スプーン，ペーパースクラップ（新聞，段ボール，古いメモ帳），ミキサー，濡れタオル，紙すき用の型枠（網目のない型枠と網目のついた型枠），長椅子。任意で野冊*。

目　的：紙は何から作られているのか，紙の種類にはどのようなものがあるのか，紙はどこからもたらされるのか，紙の性質と歴史を教えること。このアクティビティは，このあとの印刷に関する学習の導入となります。

対象年齢：7〜13歳。

* 【野冊】　野外で採集した植物を挟んで持ち歩くための用具。普通はベニヤ板，竹製の板，ボール紙などの間に新聞紙1ページを2つ折りにしたものを挟み，紐（ひも）で締めて用いる。花のあるものを採集したとき，その場で野冊に挟んで持ち帰ると，傷んだり散ったりする心配がない。『日本大百科全書（ニッポニカ）』（1994）小学館

方法

1. 紙を2センチ角にちぎります。約1日，ちぎった紙を水に浸しておきます。
2. 浸した紙をひと掴みほどミキサーに入れ，ミキサーの容量の4分の3ほどぬるま湯を加えます。粥状になるまでミキサーにかけます。
3. ボウルに混ぜた紙を注ぎ，底が覆われるまでこの手続きを繰り返します。さらにぬるま湯を加えてスプーンでかき混ぜます。
4. 紙すき用の型枠の2つ（網目なしと網目あり）を一緒に固定して，粥状になった液体の中に型枠の長辺から先に浸します。その後，型枠全体を繊維に浸します。
5. 紙すき型枠を慎重に引き上げ，型枠の網目の上に液体が均等に広がるように型枠を振ります。数分かけて水を切ります。
6. 長椅子の上に濡れタオルをおきます。網目のない型枠を外し，網目のついた型枠を注意深くひっくり返します。長椅子に型枠の長辺を置き，ゆっくりと，そして，しっかりとタオルの上に紙を押し付けます。
7. お望みの時間まで紙すきを繰り返します。紙一枚ごとに新しい濡れタオルを使います。繊維が底に沈みそうなときには，時々ボウルをスプーンでかき混ぜます。
8. 野冊などを使って，過剰な水を絞り出します。
9. 表面がくっつかない場所で，2〜3日の間，紙を乾かしましょう。紙が乾いたら，表面が滑らかになるように2〜3日の間プレスします。

> 教育とは，あなたが学んだすべてを忘れてしまっても，あなたが後世に残したものである。
> 　　　　　　　　　　　読み人知らず

解説

もし電池式のミキサーがない場合は，エクササイズの一部をインドアで実施します。

☆「紙づくり」は，ハムルスタード自然学校の活動です。

電話

> 時　間：40分。
> 教　材：使い捨てのコップを2つ，3〜4メートルの太めの木綿糸，つまようじ，千枚通し。
> 目　的：古典的コミュニケーションのアイディアを学びます。
> 対象年齢：4〜13歳。

方法

コップの底に小さな穴を開けます。穴に糸を通した後，糸を固定するためにつまようじに糸を結びつけます。同じようなやり方で，もう1つのコップに，糸の反対側を取り付けます。糸をピンと張って，コップを通して他の人と話しましょう。

本線に別の糸を結びつけることで，電話会議を行うなどアレンジが可能です。

情報

実際に電話を発明したのが誰なのかについては，いまだ議論が続いています。多くの発明品についても同様ですが，様々な人々が同時期に類似したテクノロジーを開発しています。1876年2月14日に，わずか2〜3時間の違いで，2つの書類がアメリカ特許庁に提出されました。エリシャ・グレイとアレクサンダー・グラハム・ベルのどちらが最初なのかについては情報源が一致していませんが，どちらにしても特許はベルに与えられました。

Both Photo:
Lisbeth Karlsson

「もしもし，どなた？」

伝声管*

> 時　間：20～30分。
> 教　材：プラスチックのじょうごを2つ，10～15メートルの園芸用ホース。
> 目　的：音がどのように伝わるのかを確かめます。
> 対象年齢：10～16歳。

方法

ホースの端に，じょうごを1つずつ取り付けます。ホースを建物の角の周囲，もしくは岩の向こう側まで巻き付けます。そうすると，ホースの両端に立った人たちは，お互いを目で見ることができません。伝声管を通して話してみましょう。

情報

伝声管，もしくは海軍で用いられたボイスパイプは，電気システムに代わる前まで，一般的な内線通話システムでした。伝声管は船の重要な場所をつなぐことで，船員との連絡をとるのに使われました。

---

*　【伝声管】航空機・汽船・鉄道などの中の離れた場所で，騒音にじゃまされないで当事者同士が必要な連絡をするために用いた装置。出典：『新明解国語辞典』(2011) 三省堂

日時計☆

時　　間：組み立てに 30 分。
教　　材：陶器の植木鉢，木の棒，鉛筆。
目　　的：時計の歴史を確かめます。
対象年齢：4～16 歳。

方法

　植木鉢を上下さかさまにして，底の穴に棒を入れます。植木鉢をアウトドアの日の当たる場所に置きましょう。ひとたび時間を記録し始めると，日時計を動かすことができなくなるので，置く場所は注意して選んでください。棒の影がどこにあるか鉢の縁に線を引き，1 時間ごとに記録しましょう。何時間記録するのかは，あなたが決めることができます。例えば，朝から日暮れまでの 8 時間記録します。また，2 時間おき，もしくは 3 時間おきに記録することも可能です。サマータイムの開始時と終了時には，忘れずに 1 時間分植木鉢を回転させてください。

　また，日時計を自分用に装飾してもよいでしょう。日時計が発明される前には，どのようにして時間を計測していたのかを考えてみましょう。

情報

　おそらく日時計は，テクノロジーの意味を知る上で，最もわかりやすい事例です。日時計は，人類が初めて時間を計測した方法の 1 つです。日時計には，太陽が昇っている時間にしか使えないという大きな制約があります。機械式時計は，その大きさや正確性とともに，日時計に比べて優れた道具といえます。しかしながら，最初の機械式時計は，一日で 15～30 分ほどのズレを生んでいましたので，日時計の力を借りて定期的に時間を修正する必要がありました。

☆ このアクティビティ「日時計」は，ウンガ・ファクタ（UNGAFAKTA（www.ungafakta.se））を参考にしています。

テクノロジーを用いた視覚的コミュニケーション

> 時　　間：グループに応じて，信号伝達されたアルファベットを一致させるのにかかる時間が変わります。アルファベットの信号伝達の確認が一度終わって，パドルを作り，実際のコミュニケーションがとれるエクササイズになるまでには約30分かかります。
> 準備物：短い棒（3グループに5本ずつ），子どもが選んだ2色の厚紙もしくは普通紙。
> 目　　的：昔の通信技術を体験し，今日の視覚的なコミュニケーションへの洞察を促すこと。コンピュータで使われている1と0のような2進コード化を学びましょう。昔の技術を使うことで，現代的なシステムに含まれる信号伝達や暗号文，セキュリティ問題についての議論を活発にします。
> 対象年齢：13～16歳。

方法

　はじめに，自然の中で少し離れたところからでも簡単に見える2つの色を子どもたちが探す実験を行います。子どもたちが選んだ色紙で10センチ四方の正方形の紙を15枚作ります。2色の紙を背中合わせにして，棒にのり付けします。

　次に，子どもたちには，2つのシンボル，つまり2種類の色紙のみを使って，アルファベット信号を伝達するための手法を考案させましょう。これは協同活動です。ここでは，子どもたち全員が"言語（language）"を理解していることが重要です。

　3つのグループを10メートルおきに配置します。重要なのは，グループ1とグループ3はお互いを認識できず，グループ2とはそれぞれに認識できる位置であることです。グループ1は最初に質問を書きます。その質問をアルファベット信号に置き換えます。そしてグループ2に信号を送ります。グループ2はその内容をグループ3に中継して伝えます。

　その後，グループ3は質問の回答をグループ2に送ります。グループ2はその内容をグループ1に送ります。

　すべてのグループがお互いに見えるように位置どりするバリエーションもあります。しかしその際は，グループ1とグループ2の間で使う伝達信号の種類が，グループ2とグループ3の間で使う信号と異なるようにしましょう。

情 報

　情報を伝達することはテクノロジーの最も重要な用途の1つです。古い技術を使ってみることにより，現代的なシステムの信号伝達や暗号化，セキュリティ問題*についての議論を活発にすることができます。何千年もの間に多くの種類の視覚的電信システムが使われてきました。例えば，古代ギリシャ人は，長距離通信を行うために松明を使用していました。また18世紀には，ナポレオンが腕木通信†システムを使って，500キロメートルの距離を，たった15分でメッセージを送りました。かつてスウェーデンでは，ストックホルムからイェブレ，ヨーテボリ，カルルスクルーナへと，5キロメートルから1キロメートルおきに信号塔が設置され，視覚的な常設の電信システムが存在していました☆。狼煙（beacons）は歴史的に，ウェールズやスコットランドがイングランド人の侵入を警戒するために使用していました。また，イングランドではスペインからの侵入を警戒するために使用されていました☆☆。

---

* 【セキュリティ問題】情報セキュリティの確立は，安心してネットワークを利用するための大前提となる。そうしたネットワークへの不正アクセスやコンピュータ・ウイルスなど，攻撃を受けやすい環境が広がっているばかりでなく，その攻撃手法自体が進化を遂げており，セキュリティ対策は不断の見直しが必要となる。（経済産業省）

† 【腕木通信】18世紀末から19世紀半ばにかけて主にフランスで使用されていた視覚による通信機，およびその通信機を用いた通信網である。望遠鏡を用い，腕木の表す文字コードや制御コードを読み取ってバケツリレー式に情報を伝達した。この通信において中核的な役割を担うのが腕木通信機である。建物の上に1本の柱が立っていて，その頂点に長さ4〜4.6メートルの水平の腕木が1本，さらにその両端に2メートル前後の腕木が2本取り付けられる。3本の腕木が示す形に意味を持たせて通信を行った。（http://ja.wikipedia.org/wiki/腕木通信 ； http://www.pcatwork.com/semaphore/）

☆ 学校の技術（teknikeniskolan）第1巻（2008年3月14日）；スウェーデンの学校や保育園，幼稚園に（配布されている）テクノロジーに関する会報

☆☆ en.wikipedia.grg/wiki/Beacon（2012年2月2日時点）

🍃 GPS* 活動 🍃

　どんなときにも新しいテクノロジーは登場します。ジオキャッシング（Geocaching）もそのような技術の1つです。ではジオキャッシングとは何なのでしょうか？☆
　ジオキャッシングは，携帯GPS受信機を用いた誰にでも参加できるスポーツです。誰かが，どこかにある入れ物に，探検日誌とペン，そしてたいていはその他にも小さなアイテムを隠します。その後，ウェブサイトに正確なGPS座標と，時折さらなる手がかりを一緒に公開します。そして，参加者は宝の隠し場所を探して，探検日誌に自分の名前を書きます。隠し場所にあるアイテムは何でも持っていくことができますが，もし隠し場所からアイテムを取ったら，代わりに何か別のアイテムを入れておきましょう。

---

*　【GPS】GPS（Global Positioning System）は全地球測位システムの略語である。人工衛星を利用して自分が地球上のどこにいるのかを正確に割り出すシステム。米軍の軍事技術の1つで，地球周回軌道に30基程度配置された人工衛星が発信する電波を利用し，受信機の緯度・経度・高度などを数センチから数十メートルの誤差で割り出すことができる。出典：IT用語辞典（http://e-words.jp）
☆　www.geocaching.se. を参照してください。
　　GPS活動は，ASPÖ自然学校のマン・ラットマン（Manne Ryttman）の活動を参考にしています。

GPS 宝探し

時　　間：全体的な所要時間は，隠し場所をどのくらい遠くにするのか，あるいは隠し場所を見つけるのがどのくらい難しいのかによって決まります。
準 備 物：インターネットにつながっているパソコン1台，3～5人の子どもにGPS受信機を1台ずつ。
目　　的：テクノロジーのスキルを実用的に応用できる能力を養います。テクノロジーやイノベーションへの興味を持たせましょう。GPS受信機を使って，国内もしくは世界中と連絡がとれるようにしましょう。
対象年齢：13～16歳。

方法

　ジオキャッシングのホームページ（www.geocaching.com）で，宝の隠し場所を見つけ，GPS受信機にその座標を転送します。詳しい操作方法は受信機の説明書を見てください。指定された座標を見つけるのにはGPS装置を使ってください。GPSは常に正確ではないことと，通行人，もしくはよそ者に見つからないように，宝はうまく隠されているので，宝探しの現場では多少の探索行動が必要になるでしょう。隠し場所は，それ自体がおもしろいものですので，あなたが過去に訪れたことのない場所にしましょう。ジオキャッシングのウェブサイトでは，宝探しの場所に関する情報がよくまとめられています。

　また，教室や学校でも探索日誌とお宝を掲示することができます。誰がそこに来たのかを定期的に確認しましょう。そうすることで，おもしろい交流が生まれます。とても遠くから旅して来た人を見つけることもできるでしょう。あなたが後で連絡をとれるように，たいていの訪問者はジオキャッシングのホームページのログに自分のニックネームを書き込みます。

解説

　お宝は，多くの場合，文化や歴史，芸術，地元の知識を議論するための機会を提供できるようなおもしろい場所で発見されます。

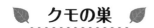
クモの巣

> 時　　間：与える課題の数に応じて，時間は柔軟に変えられます。
> 準 備 物：3〜5人の子どもにGPS受信機を1台ずつ。
> 目　　的：自然体験活動の中で，GPS装置の使い方を学びます。
> 対象年齢：13〜16歳。

方 法

　いろいろな課題を記した指令書を森の中に隠し，GPS座標をリストにします。子どもたちは課題を見つけて，課題を遂行します。次々と課題をこなすこともできますが，課題と課題の間でスタート地点に戻って報告するようにもできます。自然に関連する様々な活動とともにGPSの使い方を教えるための良い方法になります。

情 報

　民間の利用者が利用するGPSの正確性を故意に低下させる"選択利用性"システムをクリントン政権が解除にした数日後，ジオキャッシングは2000年の5月にアメリカで始まりました。5月3日，デイヴ・ウルマーは，ポートランド州とオレゴン州の（ある）道路に小さな品物の入ったバケツを置き，インターネットのニュースグループにこのことを報告しました。そのときのお宝は，ここで紹介したものと同じような日誌と小さな交換用の品物が入っていたそうです。

アドベンチャーウォーク

> 時　間：20分。
> 準備物：3～5人の子どもにGPS受信機を1台ずつ。
> 目　的：GPS装置の使い方を学びます。
> 対象年齢：13～16歳。

方法

　それぞれのGPS装置に特定の場所に関する座標を入力します。例えば，あなたがその日の授業を行う場所などです。

　各グループはそれぞれ違った場所からスタートします。そして目標地点への行き方を探し出します。その距離はそれほど遠くする必要はありません。およそ200メートルから300メートル程度です。それでも子どもたちには冒険ですし，異なった位置からスタートして同じ場所を見つけることがGPSには可能であることを実演することができます。

衛星と宇宙探査

時　間：45分。
準備物：GPS受信機。望遠鏡は必要に応じて用意してください。
目　的：空にたくさん存在する衛星を探します。私たちの衛星への依存
　　　　度を話し合いましょう。
対象年齢：13～16歳。

方法

GPS受信機の中には，GPS衛星が空をどのように横切るのかと，衛星がどこに位置しているのかを表示することが可能なものもあります。サイエンスキャンプ（詳しくはp.103を参照してください）や，その他の夜間に行われるアクティビティの際には"流れ星"を見ることができます。そのような日には，多くの場合，衛星が空を横切ります。GPSの追跡機能を使って，GPS衛星を探し出してみましょう。

NAVSTAR IIF GPS Satellite. US Air Force.

水門☆

時　間：広がりのあるテーマ別作業を開始するのにふさわしい時間。
準備物：耐水性のベニア板，小川。
目　的：運河の水門の模型を作り，そのテクノロジー的な機能を調べましょう。
対象年齢：10～16歳。

方法

学校に使い勝手のよい細い川があれば，そこで運河の水門の模型を作れます。この型の水門はパウンド水門＊といいますが，中国では10世紀から，西欧では14世紀から使用されてきました。

耐水性のベニア板を使って水門を作ります。基本的なデザインは長方形の箱で，その短辺が開閉されます。また，幅と高さは小川の傾斜に合わせる必要があります。箱の高さは少なくとも幅の2倍の長さになるようにしましょう。小川の傾斜が浅い場合は長い水門にする必要があります。

水門が完成したら，川底を水平にならし，そこに水門を開いた状態で配置しましょう。水門に水の流れを引き込むため，水門の外側に小石と土を詰め込みます。開いた上流の水門からおもちゃの船を流し入れて，上流の水門を閉じましょう。そして，川の流れの下流側の水門を徐々に開けて水位を調節してみましょう。

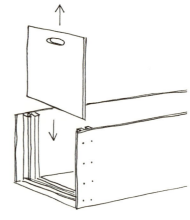

情報

運河と水門は産業革命時に重要な役割を担っていました。特に，英国では製品や石炭を輸送するのに使われました。水運は，馬一頭で運ぶ3倍の量の製品を扱うことができるだけでなく，テクノロジーについての知識を世に広める意味で，水門の建築は重要な土木工事でもありました。運河の産業利用が時代遅れとなったのは，19世紀後半に鉄道網が設置されたときでした。

＊ 【パウンド水門】パウンド水門（閘門：こうもん）は水門の1形式で，今日では運河や河川にもっぱら使用される。パウンド水門には閉鎖区域（パウンド）と，その両端にゲートがあり，これによりパウンドの水位が調節される。中世中国の宋で開発されたのち，中世ヨーロッパで使用されるようになった。(https://en.wikipedia.org/wiki/Lock_(water_navigation))

☆ このアクティビティ「水門」とその解説は，マン・ラットマン（Manne Ryttman）に基づいています。

マジックテープ（ベルクロ）

時　間：15分。
教　材：ルーペ，自然環境（ひっつき虫が自生している場所）。
目　的：自然がどれほどの着想を発明品に与えているのかを確認すること。
対象年齢：7〜16歳。

方法

夏の終わりに，ひっつき虫を探して，その種を拡大鏡で調べてみます。ひっつき虫の種はどのようにテクノロジー的な利用ができるでしょうか。自然の中を歩いてみて，既存のテクノロジーの工夫や改良の元になった素材や現象を探してみましょう。

情報

スイスの技術者のジョルジュ・デ・メストラルは，彼が飼っていた犬の毛や彼の服にくっついていたゴボウの種を詳しく調べました。（そして，）種の小さなフックが（犬の）毛や（服の）繊維の輪に付着する様から，彼はマジックテープを考案しました。

KARDBORRE, ARCTIUM TOMENTOSUM MILL.

第7章
単純機械と物理的な力

「単純機械」として知られるいくつかの道具があります。それらはすべて，距離を物理的な力に変換するような**機械力学**の原理を応用するものです。

単純機械とは，小さな力で重い物体を動かすことをねらいに開発された単純な機械要素です。それらは主に，より遠く離れた場所から，より小さい力で物体を動かすために用いられます。古典的な単純機械には，斜面，ネジ，くさび，てこ，車輪と車軸，滑車など，基本的な機械要素があります。

てこ

時　間：40分。
準備物：2.5メートルの板と支点。支点は，旋回軸ともいわれるもので，学校の運動場のコンクリートブロックや森にある丸太で代用されます。
目　的：単純機械である「てこ」を知り，その原理について理解を深めます。
対象年齢：9～13歳。

方法

子どもに以下のような質問をして，実験をさせます。

- どのようにすれば，支点の上に置いた板のバランスがとれますか。
- 板の両端に1人ずつ乗った場合，子どもの距離や体重に関係なく，バランスをとることができますか。
- 体重の異なる子どもが板の両端に乗った場合，どうすればバランスがとれますか。
- 板の両端に異なる人数の子どもが乗った場合，バランスがとれますか。

情報

この場合，板とそこに乗る子どもが「てこ」の働きをしています。

解説

このような働きは，皆さんがよく知っているシーソーに応用されています。板の長さを変えて，「てこ」の実験をしましょう。

測定技術

> 時　間：30分。
> 準備物：グループごとに短い定規，物差しまたは折り尺，長い巻き尺，ノギス，鉛筆と紙。
> 目　的：様々な測定器具を用い，対象に応じた測定器具は何かを考え，最も適切な器具を選択することを学びます。
> 対象年齢：10～16歳。

方法

様々な測定器具を実際に用いて確認します。次に，クラスを3～4人のグループに分け，それぞれのグループに上記の測定器具のセットを渡します。子どもたちには，「ある対象を測定するためには，どの道具を用いるのが適切か」について課題が与えられます。例えば，以下のような課題です。

- 木の幹の外周
- 2地点間の距離
- 枝の外周
- 岩の高さ
- 枝の長さ
- 植物の高さ
- 石の外周
- グループの子どもの身長
- 木の高さ

グループごとに，結果を記入する表を渡します。

この木はどのぐらいの高さですか。木の大きさを測定するのに，最も適切な方法は何ですか。

解説

適切な道具を選択することは，必ずしも簡単ではありません。現代のような技術的に優れた器具を使うことができなかった過去において，測定の問題がどのように扱われていたかについて考えましょう。例えば，月までの距離を測定するには，何を使ったらよいでしょうか。

タンポポの外周を計測中です。

バランス

時　間：40分。
準備物：重さがわかっている物，アウトドアで見つけた棒状の物。
目　的：バランスの概念について理解し，測定の補助器具としてアウトドアにある有効な物を使用することを学びます。
対象年齢：9～13歳。

方法

アウトドアで棒を探します。見つけたら，その棒が地面と水平になるようにロープで木の枝に吊します。次に，教室であらかじめ計測した1キログラムのフルーツバックを棒の端に吊します。そしてその反対の端に，バックを吊し（支点からの2つのバックの距離は同じです），松ぼっくりのような測定に適した物をバランスがとれるまで詰めます。この方法を用いると，知っている物の重さと同じにするには何個の松ぼっくりが必要なのかを知ることができます。アウトドアで見つけた別の物の重さも量ってみましょう。

重さがわかっている物と同じにするには，何本の小枝が必要でしょうか。

解説

靴やあらかじめ重さがわかっている物も使ってみましょう。

Photo: Jens Ayton

竿秤（中世の商人）

前述の課題と同じ原理ですが，少しだけ高度な課題です。

> 時　間：40分。
> 準備物：棒，ロープ，巻き尺，重さがわかっている物（例，2リットルの水のボトル）。
> 目　的：単純機械について学びます。
> 年　齢：13〜16歳。

木の枝に，棒が地面に水平になるように吊します。棒の一方の端には重さがわからない重り，また一方の端には重さがわかっている重りを吊します。棒が水平になってバランスがとれるように，重りの位置を調整します。

さらに，すでに与えられている材料を用いて，重さがわからない重りの重さを計量するよう課題を出します。

てこの原理は，$F_1 \times D_1 = F_2 \times D_2$，この場合，

F_1 は左側の腕の力
D_1 は左側の腕の長さ
F_2 は右側の腕の力
D_2 は右側の腕の長さ

> 人にものを教えることはできない。
> 自ら気づく手助けができるだけだ。
> 　　　　　　　ガリレオ・ガリレイ

解説

竿秤と滑車装置（次頁）は，異なる方法で，物理的力と単純機械を扱う2つのアクティビティです。それらは，クラスを2つのグループに分けて同時に実施できます。もし，時間に余裕がある場合は，それぞれのグループにそれぞれの課題で何を発見し，学んだかについて考察し，レポートを書くよう指示してください。

滑車装置

> 時　間：40分。
> 準備物：滑車2個，ロープ，場合によってはブランコ。
> 目　的：単純機械について学びます。
> 対象年齢：13〜16歳。

方法

1つの滑車を太い枝に吊します。そして，もう1つの滑車に大きな重りを付けます。枝にロープを掛け，ロープを2番目の滑車，1番目の滑車に通します。

滑車は，てこと同じ原理によって制御されます。

$F_1 \times D_1 = F_2 \times D_2$，この場合，

　　　　F_1 は重りにかかる力
　　　　D_1 は重りが動く距離
　　　　F_2 はロープにかかる力
　　　　D_2 は引っ張られたロープの距離

ロープを引っ張り，重りを持ち上げます。滑車を使って，自分自身を持ち上げることができるかどうかを考えてみましょう。

そして，座る所を，ロープの輪で作るか，ブランコを使って試してみましょう。

情報

滑車を使うと，重い物体を持ち上げることができます。てこと同じように，滑車は距離を力に換える便利な単純機械なのです。

解説

このアクティビティは，多くの子どもたちにとって大変印象的なものです。特に，先生を自分たちで持ち上げることができることを発見したときは格別です。

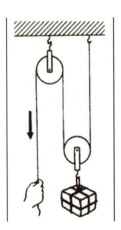

ポンプ

> 時　間：15分。
> 準備物：ポンプ（自転車の空気入れ，あるいはネットで注文できるフィズ・キーパー（Fizz-Keeper）という特別なポンプがあります），柔らかいマシュマロ，小型の透明な瓶，マスキングテープ。
> 目　的：密閉した容器の中の圧力について学びます。
> 対象年齢：10～16歳。

方法

瓶の中に3個程度，マシュマロを入れます。そして，その中にポンプで空気を送り込みます（マスキングテープでしっかり瓶に封をすることが重要です）。どのような理由で，何が起こるかを話し合ってもらいます。

最良の結果を得るために，早く空気を入れることができる小さな瓶を使いましょう。

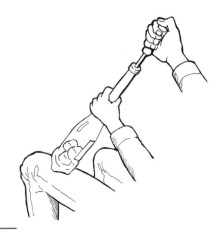

情報

瓶に空気を送り込んでも，瓶の容量はほとんど変化しませんが，内部の圧力は増加します。マシュマロには多くの空気が含まれていますので，その周りの空気圧が増すことでマシュマロが圧縮されます。瓶のふたを取ると圧力が均一化され，一瞬でマシュマロの中の気泡が膨らみ，元のサイズに戻ります。

解説

圧力の効果が最大になるように，一番柔らかいマシュマロを探してください。マシュマロは，アウトドアでのおやつとしても最適です。このアクティビティは，校庭で行うこともできます。

作用と反作用1

> 時　間：30分。
> 準備物：不要。
> 目　的：自然の力を体験し，作用と反作用の働きについて感覚的に学びます。
> 対象年齢：10～13歳。

方法

　手で木の幹を押します。そのとき，ちょうど反対の力で木が抵抗することを感じてください。

　指で木の幹を数秒押してみます。木の反作用で指にへこみができることを観察してください。

　今度は，2人組になって向かい合わせで立ってください。お互いのつま先がくっつくくらいに向かい合って近づきます。そして，一方の人が，もう一方の人を押します。押された人は抵抗しません。このとき，バランスを崩すのは，どちらの人でしょうか。立場を入れ変えて，違ったことが起こらないか試してみてください。

情報

　ある力で押されている物体は，同じ反作用の力で常に押し返しています。自然界の様々な力が，地球上のすべての生物に例外なく働いているのです。

作用と反作用2

時　間：30分。
準備物：エクササイズバンド（大きなゴムのバンドの両側に持ち手の付いた運動器具），松ぼっくり
目　的：作用と反作用の働きについて感覚的に学びます。
対象年齢：10〜16歳。

方法

2本の木にエクササイズバンドを引っ掛けます。そして別の木を的として選び，エクササイズバンドを使って松ぼっくりを飛ばします。どのようにすると的にうまく当てることができるのかを分析します。また，そこにはどのような力が働いているかを考察します。

誰にも当たらないように，安全を心がけてください。

情報

力はニュートンという単位で測定されます。この単位は，17世紀に活躍したイギリスの科学者，アイザック・ニュートン卿に由来します。彼は，重力の法則や惑星が衛星をいかに従えるかなどについて著作を残しています。1ニュートンとは，100グラムの物体にかかる重力とほぼ等しい力です。

第8章
サイエンスキャンプ

　「サイエンスキャンプ」は，本書で紹介した多くの活動を統合するプログラムで，通常の学校生活とはまったく違った共通体験を子どもたちに提供するものです。そのような共通体験は，参加者にとって役立つものであり，間違いなくやり甲斐のあるものです。加えて，子どもたちがそれらの経験を通して密接な人間関係を構築することができ，学習に新たな側面をもたらすことになります。

> 時　間：1泊2日（ある日のお昼から，次の日のお昼まで時間がとれると最適です）。
> 準備物：下記の通りです。
> 目　的：テクノロジーの役割を理解するためには，人のニーズとテクノロジーの間にある関係を学ぶ必要があります。このような視点を持つと，個人，社会，自然に対してテクノロジーを応用することの結果と効果について気づくことができるようになります。テクノロジーをテーマに取り上げることで，価値観についての問い，利害の衝突，社会情勢の変化，様々なテクノロジーの利用に伴う経済への影響に触れることができます。これらの興味深いテーマは，1泊2日のプログラムの間，子どもたちの議論を支えてくれます。
> 対象年齢：サイエンスキャンプは，小学校のどのレベルでも実施可能です。ただし，活動を適切に選択し，できる限り注意深く実施することが必要です。

　人は，アウトドアで活動するとき，普段とは異なる役割を果たそうとするものです。子どもたちも，このプログラムを通して，普段とは異なる側面を見せてくれます。学校教育の場面で課題を抱えた子どもが，アウトドアではリーダーシップをとり，学校とはまったく違った側面を見せることがあります。

キャンプはほとんどの人にとっても楽しいものです。アウトドアの様々な学習環境は，子どもたちが主体的に学びを楽しめるような機会となります。
　宿泊プログラムは，長旅のように多くのものを準備する必要はありません。保護者には，できる範囲で，食料を購入したり，それらを運んだりなどプログラム期間中の協力を求めてください。

サイエンスキャンプに組み入れることができる活動
・風よけの設置
・たき火
・たき火や反射型オーブンでの調理
・木彫り
・水車の製作
・森がダメージを受けている場所の探索

解説

　持続可能な開発（環境保全を考慮した節度ある開発）には，とりわけ人の基本的な欲求を理解する必要があります。これは，夜，たき火を囲んで話し合う絶好のテーマです。普段の授業とはまったく違った議論がなされるかもしれません。キャンプファイヤーほど，それらの議論を深めるのに適した場所はないのです。

準備物リスト

・食料と水。子どもたちにそれぞれ自分の分を持参させます。そして，グループごとに食事係を決め，自分たちの食事に責任を持たせます。
・キャンプストーブ，燃料とマッチ
・ナイフ，フォーク，包丁
・食器
・カップ
・防水シート（風よけとして1グループに1つ）
・ロープ
・寝袋
・防寒具
・予備の衣類
・予備のソックス
・下着
・レインコート

- 帽子
- 常備薬
- 救急箱
- 歯ブラシ一式，石けん
- タオル
- ビニール製の袋（雨の場合，準備物を濡れないようするために役立ちます。また予備のレインコートにもなります。）
- 鋤(すき)２本（トイレの項を参照）

> 教師用の準備物

- 彫刻用ナイフ
- 一緒に調理をするための大きなフライパン（必ずしも必要ではないが，あると楽しい）
- 保護者の最新の電話番号のリスト
- 斧，ノコギリ
- ドライフード（適宜）
- トイレットペーパー（ビニール袋に入れる）
- 救急袋ー絆創膏，バタフライステッチ＊（切り傷用），ダニ除去剤，滅菌包帯，吊り包帯，殺菌洗浄剤，ブドウ糖（低血糖時に使用する糖質）

トイレについて

　子どもの多くは（大人もそうですが），森でトイレをするが苦手なことを覚えておいてください。そのことで，便秘になったり不安になったりします。これらの問題を起こりにくくするためには，最初から男児と女児でトイレのエリアを分ける必要があります。トイレの場所に印を付け，それぞれの場所の近くに鋤を置きます。鋤がなければ，誰かがトイレ中であることを意味します。子どもたちに穴を掘り，トイレをしたらそれを埋め，「使用済み」の棒を立てることを教えてください。できる限り，子どもたちが不安にならないように話してください。

＊　【バタフライステッチ】蝶の形をした絆創膏。

風よけの設置

時　間：1時間程度。
準備物：防水シート，ロープ，アウトドアにあるもの。
目　的：教師の指導の下，簡単な構造物を設計し設置することを学びます。略図や図面を用いて案を練ったり，その構造や機能をメモします。
対象年齢：10～16歳。

方法

クラスをグループに分け，グループごとにシェルターを紙に書いてデザインさせます。シェルターは，防水シート，ロープ，枝などから作られます。そして，そのデザインをもとに，モデルを作らせます。この活動は室内で行います。

クラス全体で，それぞれのデザインについて検討させます。どのデザインが雨風をうまくしのげるか，またどの場所がシェルターを設置する上で適切かについて議論させます。そして，実際にシェルターを作り，テストします。

> 風が吹いたり止んだり
> するなら，風車を作りながら，
> シェルターを作ればいい。
> 　　　　　　　　作者不詳

シェルターはいろいろな方法で作れます。

解説

サイエンスキャンプの成功の秘訣は，シェルターの設計が事前になされていることです。そうすれば，実際にシェルターを作る段階でもうまくいきます。

第9章
安全に関する留意事項

　アウトドアで活動するためには，計画の段階から多くのことに注意する必要があります。教室からアウトドアに学習の場を移すということは，教室とは違った配慮が必要です。万が一に備えてアウトドアで学習すると，安心感が増します。例えば，子どもがグループからはぐれてしまった場合，何をすべきか，行方不明者の捜索の際，警察はどのようにしているかなどについて，知っておくとよいでしょう。やり方は違ってくるかもしれませんが，地元の警察は適切な情報を提供してくれますし，情報を持つ人も紹介してくれるでしょう。また，子どもが道に迷った場合の訓練をしておくことも重要です。

危機計画

　どの学校も，安全と安心のために，アウトドア教育で緊急事態が生じた際の行動計画を立てておく必要があります。緊急事態になると，理性的に物事を判断することが難しくなります。よく練られた計画があれば，段取りよくすべてのことをこなせますし，子どもが行方不明となった場合，警察に連絡すべきか親に連絡すべきかなどの判断に迷う時間の無駄を減らすことができます。子どもの保護者の連絡先の情報なども，最新のものにしておくことが重要です。

基本的欲求

　私たちの身体は，食べ物と水を継続的に補充することが必要です。アウトドアでの活動は，教室で座っているときよりも多くの食べ物と水を必要としていることを忘れてはいけません。そして，身体がうまく機能するためには，体温を平熱に保ち，気持ちを安定させることが必要です。

食べ物

脳は，脳以外の場所と違って，炭水化物を燃料とすることで初めて効果的に機能します。低血糖の子ども（あるいは大人）は，判断力の低下によって信じられない決断をしてしまうことがあるのです。この場合，思いも寄らない状況の中で，子どもがどう行動するかを予測するのはとても難しくなります。また，低血糖は，神経や筋肉の機能も低下させます。これらの問題は，糖やデンプンが豊富な食べ物を摂取することで防ぐことができます。

水

脱水症状には個人差があります。十分に水分を摂取しているから大丈夫，あるいはのどが渇いているから危ないといった単純なものではありません。原則として，のどが渇かないうちに水分は摂るべきですし，もしのどが渇いている場合は，より多くの水分を摂る必要があります。しかし，一気に多量の水を摂取しても意味がありません。なぜなら，人の身体は，ラフに見積もって，1時間当たり1リットルしか吸収できないからです。

身体が摂取した水分よりも多くの水分を使おうとしているとき，脱水が急激に起こります。その症状は，集中力の欠如，頭痛，食欲の喪失，濃い尿，寒気などです。

大切なことですが，淀んだ水は多くの雑菌を含んでいます。絶対飲んではいけません。

体温とシェルター

子どもは大人よりも寒さに対して弱い存在です。その理由は，主として子どもの表面積に比例して，身体を循環する血液が少ないからです。不測の状況では，適切な衣類が生死を分けます。身体をうまく機能させるには，人は身体の内部を37℃近くに維持する必要があります。身体深部の体温が低下すると，以下のような結果をもたらします。

- 37℃　安静時の正常体温。
- 36℃　寒気。身体は十分な熱を欠き，熱が伝わらない状態であることのサインを出します。震えは，熱を生み出すためのエネルギー集約型の筋肉の不随意運動です。その活動は，血糖を燃料とするため，次第に低血糖の状態となります。そのため，筋と神経は機能しなくなります。子どもはゆっくり低血糖が進み，筋肉の動きを協応させることが困難となります。運動失調が発生することで，事故のリスクがより高まるのです。
- 34℃　身震い。身体は，より大きな筋活動により，より多くの熱を生み出すことになります。子どもは致命的な状態に置かれ，自分ではどうすることもできなくなります。
- 33℃　子どもはけいれんを起こし始め，身体は硬直し動けなくなり，判断ができなくなります。
- 30℃　子どもは意識がなくなります。
- 24℃　心臓は不整脈を起こし，停止する場合があります。

子どもがグループからはぐれたとき，時間が最も重要な要因となります。

どんなことがあっても大人は子どもを探すために全力を尽くしてくれるということを，子どもたちが知っておかなければなりません。迷子になった子どもは，悪いことをしてしまったと感じ，いくら呼びかけても答えない場合があるからです。

適切な衣類

アウトドア学習に適した衣類は，学校でよく話題になります。保護者には，前もってアウトドア学習の内容について伝えておくとよいでしょう。学校によっては，特別の衣類やシューズを購入するところもあります。

効率よく身体を温めるには，衣類は身体全体を等しく覆う必要があります。胴体だけでなく，手足も含めて守らないといけないのです。足が冷えるといった訴えはよくあります。足は血液の循環によって温められるので，足が冷えるという訴えは，足元の衣類が十分でないサインです。厚い靴下が履けるような大きめの靴，中敷き，そして靴の空気循環も重要です。ウールの靴下は湿気を吸収し，濡れても冷えから守ってくれるので最も適しています。

予備の靴下とビニール袋を持参しましょう。足が濡れたときは，新しい靴下に履き替え，靴下をビニールで覆って濡れた靴を履きます。

デニムのジーンズは人気があり丈夫ですが，多くの水を吸い込んでしまいます。これが冷えの原因となり，乾くまでに時間もかかります。

合成繊維のフリースが良いでしょう。疎水性に優れており，速乾性で濡れても身体を保護します。

注意事項：フリースや合成繊維は，可燃性が高いものです。火や火花といった火の気からは遠ざけるように注意してください。

火災時の安全確保

やけどをした場合は，患部をすぐに水で冷やします。生ぬるい水がベストですが，水であれば基本的に何でもかまいません。ただし，冷たい水を長時間使用すると低体温症になる危険があります。やけどは，重症度に応じて分類されます。Ⅰ度熱傷は，表皮熱傷といい，やけどをした部位が赤くなります。Ⅱ度熱傷では，火腫れが（水膨れ）ができます。火腫れは破かず，すぐに医師に診てもらい治療をしましょう。

水が近くにない場合は，ピートモス（コケ類）を探しましょう。また，1人に1つ以上のペットボトルの水を持たせるように習慣化しましょう。飲料水にも使えますし，火で作業をした際の備えにもなります。

刃物を使うときの安全確保

　不慣れな道具を使う場合は，危険がつきものです。しかし，年少の頃からそれらの使い方を学ぶことも大事なことです。安全な条件下で，簡単な課題を与えて子どもに練習させましょう。木を彫る場合，よく切れるナイフを使うことが安全です。新しい木は乾いた木よりも柔らかく，低学年の子どもにとって彫りやすい材料となります。木から皮をはがしてみましょう。薄い樹皮は，低学年の子どもや経験が浅い子どもが彫る上で，うってつけの練習素材となります。その他，初心者用の課題には，単純な船，樽，槍，ソーセージを刺す串などがあります。特に目的もなく，棒を少しずつナイフで削ることでもかまいません。

木を削るときの安全ルール

- 座る
- 指定された場所に留まる
- ナイフを研いでおく
- ナイフを持って走らない
- 自分の身体にナイフを向けて削らない
- 他の人にナイフを向けて切らない

　低学年の子どもの場合は，柄の部分が大きいナイフを使い，指を守ります。木を彫るには，刃の長さは5〜10センチ，幅は1〜1.5センチほどの小さなナイフが使いやすいでしょう。木を削る課題は，小集団で実施するのが原則です。

傷　口

　推奨される応急処置は，その地域や時代によって違います。あなたの地域で現在用いられているガイドラインを学び，救急の講座を受けることはとても良い考えです。

　傷ついた患部を水で洗い，刺激の少ない石けんで洗います。きれいな水がない場合は，ピートモスを使ってください。止血のためには，傷口をやや強く押します。それでも血が止まらない場合は，医療的支援を求めてください。

　もし傷口が開いている場合は，絆創膏やサージカルテープで閉じてください。消毒剤や抗生物質を含む軟膏が救急箱にある場合は，それを使います。大きな傷，関節に近い傷，ガラスの破片で切った傷の場合は，医療的支援を求めてください。

　深い傷や汚れた傷の場合，もし破傷風の予防注射をこの10年間で受けていないようでしたら，できる限り速やかに受けるようにしてください。傷が治るまで，感染症のサインがないか注意深く観察してください。

ねんざ

　もし利用できれば，伸縮包帯で軽めに巻き，水か氷で痛みのある関節を冷やします（3時間くらいかけて，1時間に20分程度，皮膚と水の間にタオルや布をはさみながら冷やす）。患部は心臓よりも高く持ち上げます。そしてそのまま，数日間休ませます。少なくとも，6週間は激しい運動を控えましょう。

　ひどいねんざの場合は，骨折している可能性もあります。また，順調に回復させるために，理学療法を受けたほうがよいかもしれません。

解 説

1 みんなの教育
スウェーデンの「人を育てる」国家戦略
スウェーデンのアウトドア教育とアクティブ・ラーニング

西浦　和樹

　スウェーデンの学校教育は，1〜5歳までの就学前教育（プリスクール），6歳のプリスクールクラス，7〜16歳の小・中学校（1〜9年生），16〜19歳の高等学校，大学，大学院教育が行われています。教育内容については，「アウトドア教育」のような特色ある教育が行われ，STEM教育（Science, Technology, Engineering, Mathematics）については，アウトドアでテクノロジーを体験的に学ぶ科学教育が実践されています。

　ここでは，世界最高水準の国際競争力は，教育にヒントがあると仮定し，「環境構成」を重視するスウェーデンのアウトドア教育とアクティブ・ラーニングの実践を紹介します。

1　はじめに

　気候変動やグローバル化で複雑化，深刻化する社会的課題から地域社会が抱える課題まで，リーダーシップを発揮し課題の解決できる人を育てることができるのは教育です。例えば，2015年国連サミットで掲げられたSDGs（エス・ディー・ジーズ）（Sustainable Development Goals）では，2030年までに解決すべきグローバルな課題として，17の目標と169の具体的なターゲットが示されています[★1, ★2]。

　これらの課題へのアプローチとして，スウェーデンのアウトドア教育は，活動のフィールドとなる自然環境への気づきを高めながら，テクノロジーへの考えをいっそう深めることができます。

2　スウェーデンの教育関係（教育，子育て）

　スウェーデンの学校教育は，1〜5歳までの就学前教育（プリスクール），6歳のプリスクールクラス，7〜16歳の小・中学校（1〜9年生），16〜19歳の高等学校，大学，大学院教育が行われています。公立と私立の給与面で差がなく，保育士不足

も手伝って保育教諭の初任給は高水準（例えば，モタラ市で月給30万円から）となっています。

　子育て環境は，子どもの権利が保障されるように手厚くなっています。教育費は無料，父親も母親も育児休暇が義務付けられている両親休暇は480日（その間，給与の80％保障，よって0歳児は家庭で育児），医療費は18歳以下が無料となっていて，子育てに関して経済的負担がかからない仕組みとなっています。

　スウェーデンの幼児教育は，2016年度4月から実施された新しい子育て支援制度（幼保一体化，施設給付金など）と同様の仕組みが1998年に既に整備されていたことから，日本から見てスウェーデンは子育て先進国と考えてよいでしょう。

　教育内容については，「アウトドア教育」のような特色ある教育，例えば，幼児期の科学教育（STEM教育：Science, Technology, Engineering, Mathematics）が実践されています。また北欧ではチャレンジ精神や自己肯定感を高める**「起業家精神教育」**というモチベーション教育の手法が取り入れられ，自ら学び，課題を自己解決することのできる人材の育成につながっています。

3　身近なテクノロジーについて考えることの大切さ

　インターネットやスマートフォンの普及，家電や自動車などがインターネットにつながるIoT（Internet of Things: モノのインターネット）のような新しいテクノロジーの出現に伴って，身近なテクノロジーをいかに学校教育現場で扱うかが課題となっています。

　日本の学校教育現場における教育の情報化の流れを見ていきます★3。コンピュータが導入され，情報活用能力の育成が学習指導要領で示されたのは1990年頃（平成元年告示）のことです★1。それ以降，2000年頃にはインターネットの普及に伴って，中学校の技術・家庭科で「情報とコンピュータ」，高等学校で「情報」の科目が新設されました（平成10年告示）。さらに，情報化の進展に伴って，インターネット上の誹謗中傷やいじめが社会問題化し，情報モラルへの関心が向けられるようになりました（平成20年告示）。

　2020年から小学校から始められるプログラミング教育は，家電や自動車をはじめ身近なものにコンピュータが内蔵されており，生活を便利で豊かにする製品やサービスを理解するのに必要なものとして位置づけられています。

　しかしながら，私たちは，日常に普及している製品やサービスに使われているテクノロジーについて，思い巡らす機会はなかなかありません。さらに，教師が子どもたちにテクノロジーを教育する方法を学ぶ機会もありません。

　例えば，アメリカで2000年頃に始まったSTEM教育は，科学（Science），技術（Technology），工学（Engineering），数学（Mathematics）に重点を置いた教育方

針です。幼稚園や小学校の初等教育での自然科学や社会科学への興味関心が，高等学校でのSTEM教科への好成績につながる可能性が指摘され，注目を集めています。

4　健康と幸福感を育むアウトドア教育

　本書は，最優秀テクノロジー教諭の称号を授与されたカリーナ・ブレイジ先生のアウトドア教育の実践に関するマニュアルです。ただし，単なるマニュアルではありません。アウトドアで学習することがいかに重要か，そのメリット「教師と子どものアウトドアでの活動が増えると健康と幸福感も改善されること」を踏まえて実践が行われています★4, ★5, ★6。

　アウトドア教育のメリットは他にもあります。自分の周りのテクノロジーを考えるときに，自分自身の体験としてテクノロジーを理解できることです。本書導入（p.ix）では，水処理工場の例があげられていますが，その場所での実際の機械や装置の大きさを感じ，工場の騒音や匂い，働く人々との会話から得られる体験談などが子どもたちの記憶にしっかりと刻まれることになります。園庭や校庭にとどまらない校外学習は，教室での授業を補完するのに有効な学習活動で，スウェーデンのアウトドア教育の特色となっています。

　一方で，アウトドア教育に対する誤解もあります。子どもや教師，親たちにとって，「アウトドアで過ごす＝自由時間」という考え方が一般に浸透しているからです。アウトドア教育が浸透していない場合には，他の授業と変わらないのに「授業中に自由時間があった」と誤解されてしまうのです。このようなステレオタイプな発想が子どもの柔軟な行動や発想を妨げていることを，ブレイジ先生は懸念しています。

5　アウトドア活動での安全性「自分の身は自分で守る」

　アウトドア教育でテクノロジーを学習するには，その安全性に配慮することが必要です。日本人には馴染みがありませんが，本書第9章（p.107）で紹介されている「民間防衛」という考えが背景にあります。「自分の身は自分で守る」という災害の多い日本でも，安全性の実習は今後身につけておくべき技術です。

　では，どのような技術でしょうか。ブレイジ先生の授業では，次のような問いが子どもたちに向けられます。

▶▶▶ Q 「あなたは森で道に迷ったらどうしますか」

子どもたちを実際に森に連れ出して，「道に迷ったらどうするか」を学ぶ。

　1つの答えは，木にしがみつくことです。その理由もはっきりしています。冬の森を散策するとわかりますが，雪の残っている場所と雪が解けている場所がはっきりとしています。さらに植物も生きていますので，実際の森で観察してみてください。簡易的に写真をよく観察すると，木には雪が付いていないことがわかります。アウトドアか教室のどちらの学習方法が記憶に残ると思いますか。
　繰り返しになりますが，アウトドアの後に教室で補うのが最も記憶に残ります。

▶▶▶ Q 「森で迷ったときに，他にできることはあるでしょうか」

森で迷ったときに目印となるものを付ける。ただし，服は脱がない。

もう1つの答えは,遭難者が痕跡を残すことです。ただし服は脱がないことです。目立つような痕跡を残すことで,誰かに発見してもらいやすくなります。

森で迷ったときに地面に直接座らない。

目印になる木の枝を3つ並べる。パネルを用意して確認できるように教え方が工夫されている。

　地面に直接座らないで,木の枝や葉っぱを拾い集めるなどすれば,比較的暖かく過ごすことができます。目印になる木の枝を3つ並べて,その場にとどまらせるような工夫も行います。これらの活動の随所に,子どもたちが活動の目的を振り返ることができるように,問いに対する答えのパネルが用意されていることも大切です。
　アウトドアでの安全性を考えるときには,その場での臨機応変さが大切になりますが,実際に使える知識や知恵がなければまったく役立ちません。アウトドア教育では,現地の子どもたちが普段の生活を通して理解できるような教育方法の工夫がなされているのです。

6 アウトドア教育のエクササイズを行うときの心構え

アウトドア教育のエクササイズを行う際に,次のような心掛けが重要です。

(1) 日常の不思議現象とテクノロジーを関連づけること
(2) 一緒に楽しみながら,ときには一緒に笑いながら実践することで,生涯続くような高い意欲を育むこと

ここで紹介されているアウトドア活動は,自分で思い出したテクノロジーを選んで並び替える,あるいは散歩ルートの道中で,今まで使ったことのある道具について話し合います。自分に関係づけて物事を理解すると記憶が向上することは,「自己準拠効果」として知られています。この効果はアウトドアでの活動に限ったことではありません。

そして,「生涯続くような高い意欲」とはどのようなものでしょうか。ここでは,知的好奇心からくる達成意欲と考えます。アメとムチのような外的な報酬による意欲喚起は,やる気の出ない子どもを一時的に引きつける効果はあるかもしれません。しかしここでは,教育的な配慮の下で,子どもたちに成功や失敗経験を積ませ,自己成長の喜びを味わわせるというモチベーション教育の方法が採用されています。

つまり,日常の体験活動の中で不思議現象を科学的に解き明かし,身近なハイテク製品からローテクの道具に関連づける作業のポイントは,「自己成長の喜び」をいかに授業に持ち込むかということなのです。

7 アウトドア教育は,到達目標だけが示されていて教育方法の自由度が高い

2017年3月下旬,リンショーピング市にある自然学校を訪問しました。ここは,18のNPOが活動することのできる場所を提供したり,一般向け,先生向けのアウトドア教育の研修を行う施設です。市の公園の一部を使用し,市からの委託を受けて事業展開しています。

教員向けのアウトドア教育の研修会では,「砂場」「水辺」などで活動した後の振り返りを重視しています。アウトドア教育では,「砂場」1つをとっても,砂に含まれる水分によって「摩擦」を体験させるという解釈が可能です。もちろん,子どもたちに「摩擦」という言葉を教え込むようなことはしません。体験的に学ぶのがアウトドア教育の基本です。

活動の趣旨をご説明いただいたカリーナ・ブレイジ先生は,「五感を使って学ぶとインパクトが違う」ということを証明したかったので,リンショーピング大学の

大学院で学び，自然学校でアウトドア教育を実践されています。ブレイジ先生によると，アウトドア教育は**「到達目標だけが示されている。その教育方法は自由度が高い」**ということでした。日本の教育のように，教科書中心で教育方法まで指示されている状況とは違い，教員の発想や創造性が要求されるので，初任者にとっては難しい教育方法ですが，経験を積めば子どものモチベーションや創造性，能力を十二分に引き出すことができるのではないかと感じました。

8 ローテクからハイテクへの流れがわかる テクノロジー教育の事例

　日本でのテクノロジー教育へのヒントとなる事例を紹介します。私たちの生活を便利で豊かにする「テクノロジー」を理解するのに適した教材は，どのようなものが考えられるでしょうか。そもそも，テクノロジーとは何でしょうか。

　まず，テクノロジーを教える切り口として，ブレイジ先生は「テクノロジーとは何か」をテーマに取り上げます。「テクノロジー」という言葉自体は難しく感じるので，実際には身の回りの製品について考えます。例えば，コンピュータ，携帯電話，スマートフォンやタブレット端末などの情報端末から，テレビ，冷蔵庫，洗濯機，照明器具などの家電製品です。情報家電製品だけでなく，建築や道具についても取り上げて考えることで，テクノロジーとの関連性を様々な観点から考えることができます。つまり，子どもたちがテクノロジーを具体的に考えることができるように，ローテクからハイテクへの流れがわかる教育方法が採用されています。

　最も印象的な方法は，本書第2章（p.19）にも紹介されている太陽光を集めてミートボールを焼く方法です。この実践によって，ハイテク製品に比べて調理時間はかかるものの，いらなくなった自動車のヘッドライトを工夫することで，燃料のいらない太陽光オーブンの原理を学ぶことができるのです。

太陽光を集めてミートボールが焼ける自作のオーブンを紹介するブレイジ先生。

てこの原理を説明するための道具。エコバッグなど身近な素材を使う。

9 テクノロジー教育における発明とイノベーションの違い

　本書第1章で紹介されていますが，教師の側も「発明とイノベーションは何が違うのか」を強く意識する必要があることに気づかされます。子どもたちにとってはその違いを言葉で表現するのが難しいかもしれません。1つのわかりやすい観点は，発明は単なる新しいテクノロジーですが，新しいテクノロジーも人の役に立つという観点を加えないと，一般に普及しないでしょう。そう考えると，イノベーションは世の中に役立つテクノロジーで，私たちの生活に飛躍的な変化をもたらしたものと考えられます。普段の生活では，近い領域の言葉であっても，あまり意識せずに使用している言葉はたくさんあります。それらの言葉は，一度書き出して，言葉遣いと意味合いを話し合ってみることをお勧めします。

　先ほどあげたスマートフォン（例えば，iPhone）の場合はどうでしょうか。「発明」でしょうか。あるいは「イノベーション」でしょうか。また，携帯電話からスマートフォンへの飛躍的な変化は，どのような点でしょうか。本書のエクササイズにもあるテクノロジーの出現を年代順に並べてみると，テクノロジーの変化が理解しやすくなります。普段から身近な製品で使われているテクノロジーを考える習慣が大切になってくるでしょう。

　最後に，カリーナ・ブレイジ先生からアウトドア教育に興味のある皆さんへのメッセージを紹介します。

> **「教室の中では気づくことのできないアウトドア教育の視点とは」**
>
> ①火は昔からあるイノベーションの代表例。たき火に興味のなかった子どもが，雷が火事になることに興味を持つようになった。
> ②おとなしい子どもがアウトドアでは元気で活動的になる。
> ③大人は，アウトドアで活動することは遊ぶことであって，学ぶことではないという意識がある。この意識を変える必要がある。
> ④知的障害・発達障害の子どもにとって，アウトドアで活動し始めるとインドアで見せなかったような新しい役割が生まれる。
> ⑤アウトドアでは，子どもたちが十分にエネルギーを発散させることができる。
> ⑥子どもがアウトドアでの活動に慣れるまでには，1回ではだめで，数回連れ出す必要がある。

10 国際交流を意識したアクティブ・ラーニングの事例

　モタラ市のゲルゲオス市長さんらの案内で，ニーシルカ（Nykyrka）小学校を訪問しました。この小学校は人口400人ぐらいの小さな町に85名ぐらいの在校生がいるそうです。このぐらいの田舎町には，難民や移民がほとんどいない状況で，人口が増えているモタラ市の中でも人の移動が少なく，昔ながらの生活習慣が残っているようです。そのような状況なので，「国際交流」に力を入れている小学校です。

　ちょうどベルギーからの留学生が，4〜6年生の35人（複式学級）で教育実習中でした。こちらの小学校では，ベルギーからホームステイをしながら，教育実習をするということが可能だそうです。子どもたちと交流の時間があり，好きな食べ物（ミートボールなど），好きなスポーツ（サッカーなど），好きな教科（英語，算数など），スマートな英語のやりとりが小学4年生でもできるのは，「英語に触れるチャンスが数多く用意されている」ということなのかと思います。

　「この英語に触れるチャンス」は，子どもたちだけでなく，EUが出してくれる教育補助金（エラスムス）を活用し，教員の海外派遣にもつながっています。実際に，この補助金で，イタリアのパルマ市に教員を派遣して，現地の教師の活動を視察する，いわゆるジョブシャドーイング（Job Shadowing）という方法がとられます。まさしく，**ジョブシャドーイング**は，日本の成果主義・教育評価を追求する教育には馴染まないかもしれませんが，アクティブ・ラーニング型の実習や教員研修に有効な方法と考えられます。

海外からの教育実習生による授業の様子

【引用・参考文献】
- ★1　日能研教務部（編）『SDGs 国連　世界の未来を変えるための17の目標　2030年までのゴール』三国出版（2017年）
- ★2　田中治彦ら『SDGsと開発教育：持続可能な開発目標の玉の学び』学文社（2016年）
- ★3　文部科学省『教育の情報化の推進』
　　http://www.mext.go.jp/a_menu/shotou/zyouhou/index.htm （参照日：2018年7月26日）
- ★4　川崎一彦ら『みんなの教育　スウェーデンの「人を育てる」国家戦略』ミツイパブリッシング（2018年）
- ★5　シェパンスキー，A. ら（著），西浦和樹・足立智昭（訳）『北欧スウェーデン発森の教室：生きる知恵と喜びを生み出すアウトドア教育』北大路書房（2016年）
　　※本書は，日本創造学会著作賞（翻訳部門）を受賞しました。
- ★6　池田和浩ら『2017年スウェーデン視察報告：北欧の実践的福祉・教育政策および心理的支援の理解』尚絅学院大学紀要（2018年）

2　学ぶ力を育む 幼児期の豊かな生活体験

宮武　大和

　これからの社会では，AIなどテクノロジーの発達により現在は人間が担っているものが機械化・自動化されていくことが予測されています。しかし，どんなに機械が発達しても，それを設計・運用するのは人間であることに変わりはありません。機械にできることは機械に任せながらも，どんな意図を持って機械を人間の生活に役立てていくのかという部分では，人間の感性，発想力，創造性は欠かすことのできないものです。

　今後の教育分野ではそのような人間が持つ，感じたり考えたりする力をどう豊かに育てていくかがより重要になっていくと考えられます。また，変化の早い社会において，これまで重視されてきた「知識を正確に記憶し再現する能力」よりも，新たな課題を解決したり新しい仕組みをつくるなど「答えが1つではない問いに向き合う能力」が求められるでしょう。

　「答えが1つではない問いに向き合う能力」を育むためには，物事の機能や構造を理解し，論理的に考える力などの認知的能力に加えて，他者の気持ちに共感したり，目標に向かって粘り強く取り組むことや，他者と協力する力などの非認知的能力も重要になってきます。

　それらの力を育む土台として，幼児期にはまず，自分の好きな遊びに熱中し自分で感じて考える経験をたくさん積み重ねたり，自分のありのままを受け入れてもらう心地よさを味わうことによって「自分が好き」という自己肯定感や，自分は誰かの役に立つことができるといった「自己効力感」を育んでいくことが必要ではないでしょうか。

1　アウトドア環境で活動する子どもたち

　札幌トモエ幼稚園の子どもたちの生活は，森に囲まれたフィールドで，どこで，誰と，何をして遊ぶか，時間をどう使うか，を自分で選択する自律的なものになっ

ています。先生の指示の下でいっせいに同じ活動をするのではなく，1人ひとり感性が違うことを前提に子どもが自ら遊びを選択すること，大人が子どもを評価するのではなく，共感や受容を中心とした関係性の中でやりたいことにいつでも没頭できる環境を保障しています。

　その中で，子どもたちは思い思いの遊びを見つけて取り組んでいきます。特にアウトドア環境では季節や気象，時間帯によって常に変化する自然が子どもの五感を刺激し，豊かな遊びを誘発します。

▶▶▶活動① 虫捕り

図1　あの虫どうやって捕まえる？

　虫捕りでは，季節によって現れる虫の種類が変化し，どこにどんな虫が住んでいるか，時期によっての違い，高いところにいる虫をどのようにして捕まえるか（図1），捕まえた虫の種類を足の数や体の突起，模様の特徴などを図鑑と比較して同定すること（図2），虫によって行動の特性が違うこと，感じることや考える要素が多くあります。オニヤンマ（大型のトンボ）が定期的に同じ場所を巡回することに気づいた子どもたちは，役割を分担し持ち場を決めて虫捕り網を持って待ち構えることで捕獲に成功するなど，仲間と協力して目的を達成するという経験も生まれています。平らな運動場ではなく起伏のある野山で予測が難しい動きの虫を追うことによって子どもたちの運動能力を自然と高めることにもつながります。

図2　この虫の種類は何だろう？

　身近な虫や植物を虫眼鏡よりもさらに拡大して（倍率150倍）見ることのできるマイクロスコープを使って細部を観察することもあります（図3）。

図3　小さなアリも拡大すると細部まで大きく

　子どもたちは森に入り自分が拡大して観察したいと思うものを探して持ち寄り，1つずつ順番に観察していきます。トンボの翅(はね)の網目（図4）やチョウの鱗粉，葉っぱの葉脈，タンポポの綿毛や岩石の組成など肉眼では見ることが難しい，自然物の仕組みや構造の美しさや不思議さを知ることで，自然に対する好奇心をよりかき立てることにつながっています。

　モニターに映して観察することは，一般的な顕微

図4　トンボの翅の網目

鏡と違って同時に多人数で同じ体験を共有でき，見つけてきた物の違いや，同じものに対する感想の違いから自分とは違った視点に気づく機会にもなっていきます。

▶▶▶活動② 火を使ったアクティビティ

　火を使ったアクティビティのスペースでは，レンズで太陽の熱を集めたり，マッチを使って火起こしの経験もします。子どもたちは落ち葉や枝を集めてたき火をしますが，小さな種火から火を大きくしていくのはそう簡単なことではありません。湿っていたり，枝と枝が密に重なっていると，火が付きにくかったりします。どのように枝を組んだら燃えやすいか，風を送ると燃焼の助けになることなど失敗から学び試行錯誤を積み重ねていく中で体験しながら自然の原理を学んでいきます（図5）。お弁当のおかずを温めてみたり（図6），パン生地を棒に巻き付けて焼いて食べる遊びを通じて（図7：第5章，p.56も参照），年上で経験の多い子が不慣れな年下の子に点火の手ほどきをしたり，生活に必要な知識や技術を伝承する場面も生まれています。

図5　ふいごを使って火おこし　　図6　お弁当のおかずを温める　　図7　棒パン作り

▶▶▶活動③ 雪ブロックのアクティビティ

　地域の特性を生かした活動が展開できることもアウトドア環境の魅力です。北海道は1年の半分近くが冷涼で雪のある気候です。そり滑りや雪合戦など身体を動かす遊びに加えて，雪があることで，雪のない時期のイメージをさらに膨らませて形にすることができます。例えば積み木遊びは，雪のお城遊びへと発展しています。降り積もって踏まれた雪は固く締まり，ノコギリで切り出してブロック状に取り出すことができます。積み木よりもずっと大きなブロックですが，子どもの力でも運んで積み上げることができます。どんな形にしようか，どうしたら崩れないか，試行錯誤，相談しながら作業を進める子どもたちの様子は小さな建築家です（図8, 9）。

図8　雪のブロックを切り出す

図9　雪のお城に絵の具で色付け

▶▶▶ 活動④ 白樺樹液のシロップ作り

　また，春の雪解け時期には，白樺の木から樹液を採取し，直接味わったり煮詰めてシロップを作ります。白樺の幹に穴をあけて管を差し込むと，ぽたぽたと樹液が流れ出てきます。その様子から，樹木が地面から水分や養分を吸い上げていることがわかります（第2章，p.22も参照）。採取した樹液を使ってシロップを作る過程では，火にかけて煮詰めながら，水分が蒸発して量が減少した段階ごとに味見をします。少しずつ甘さが増していくのを感じることで，濃縮の原理を知っていきます（図10，11，12）。

図10　白樺の樹液を味見

図11　たき火で樹液を煮詰める

図12　シロップの出来上がり！

▶▶▶ 活動⑤ 自然観察

　アウトドア環境が身近にある生活の中で，子どもたちは日々自然の中にある現象の不思議や，自然がつくりだす色・形の美しさから自然の神秘を感じています。宝石のように輝きを放つ虫の色（図13），冬にはどのくらいの寒さで水が凍るか，シャボンの膜が凍って結晶として成長していく様子を観察したり（図14），空から落ちてくる雪の結晶の美しい模様を観察することで（図15）自然に対する尊敬の気持ちが生まれます。

図13　緑色に輝く宝石のようなアオカナブン

図14　シャボンの膜が凍った！

図15　手袋についた雪の結晶を観察

また，夜の暗闇では何も見えないこと，荒れた気象には人間が太刀打ちできないことなどを経験することで，必ずしも人間が万能ではないことも知っていきます。
　自然に対する尊敬や畏怖の感情が芽生えることは，自然と共生する意識を高めることにもつながります。そうした感覚を人間が教えるというのは限界があると考えていることから，私たちは自然に頼っているのです。

2　アウトドアの環境を活用することでできること

　アウトドアの環境には人工物とは比較にならないほど多種多様な子どもの興味を引き出す要素があること，自然物での遊びは自由な発想で様々に見立てて遊ぶことができ，正解が1つではないので評価や失敗を恐れずに取り組むことができることも大きなメリットです。感じることの幅や深さの広がりは，様々な興味・疑問・人と人の関わりを生み出し，考えることへと発展していきます。おもしろい，不思議だ，楽しいという心が動く直接の体験があって，もっと知りたいという探求心が生まれ，それを仲間と分かち合ったり，伝えたいという欲求が，絵を描いたり言葉や文字の表現へとつながっていきます。文字や数，知識が先にあるのではなく，心が動く体験が先にあって，こうした遊びの中で自然科学，ものの仕組みや原理，数の概念に出会うことを大切にしています。幼児期の教育は「環境を通して」行うこととされているように，状況に意図が埋め込まれた学習であることが大切だと考えています。
　トモエ幼稚園ではアウトドアでの遊びなど，個々のやりたいことを自己選択し，いつでもそれに取り組める環境に加え，週に数回，年齢別のクラスや全体で集まって探検に出かけたり，絵画や工作，ゲーム音楽などの活動を集団で行う時間も設けられています。
　自分の好きなことに集中し，自分のありのままを認められる安心感で満たされるところを起点にしながら，徐々に集団での生活に各自のペースで溶け込むようにしていくことで，自ずと他者のありのままを受け入れられるようになり，多様性を受け入れる幅が広がることにもつながっていきます。
　遊びの中で感じて考える経験をたくさん積み重ねること，相性の合う人間関係をベースに好きな人がたくさん増えていくことで，人間関係の幅も広がっていきます。心地よさを味わって満たされていくと，自分の苦手なことや興味の薄いことにも関心を向けて新たな挑戦をする原動力にもなっていきます。その中で試行錯誤しながら小さな成功体験を積み重ねていくことによって学びに向かう力が育まれていくのではないでしょうか。
　子どもどうしのトラブルも自分たちで解決できる範囲であれば，先生は口出しや手出ししないスタンスを保ち，どう仲良くなるか，うまくいかない相手との距離を

どうとるか，という経験をすることも大切にしています。必要に応じて先生が手助けをしますが，子どもたちは，自分で考える機会が多い生活の中で，他者とコミュニケーションする力，目標を達成する粘り強さや仲間と協力し合うこと，自分の情動をコントロールすることなど，非認知的な能力を実体験から学んでいます。

　子どもが自律的に生活するためには，子どもの本音を受け止め，失敗も許される環境や関係づくりが大切です。先生は大人の価値観だけで過度に評価せずに，子どもたち1人ひとりを受け止め共感することに努め，禁止や否定ではなく子どもが自ら考えるきっかけになるような言葉かけ，関わりをしています。先生は先頭に立って遊びをリードすることもあれば，待つこと，危険があれば制止すること，葛藤を見守ることなど個々の子どもの状況に合わせて判断して子どもと関わっています。

　自律的に生活する体験をベースに，アウトドアの環境を活用し，多様な子どもの興味を伸ばしていくことによって，集中力や目標に向かう粘り強さ，豊かな発想力が培われていきます。そうした生活体験を幼児期に保障することが，学び方を学ぶことにつながり，教育の客体としてではなく，学習の主体としての子どもを育み，STEM教育をはじめとした幼児期以降の学ぶ力の土台となるのではないでしょうか。

3 日本における自然保育の事例と活動実践の紹介

柴田　卓

　ここでは，日本における2つの事例と本書の活動実践について紹介します。1つ目は，自然学校の実践からアウトドアテクノロジーの可能性について考えます。2つ目は，地元のランドスケープを活用した自然保育の実践です。3つ目は，本書第4章の中から「A型の橋」を子どもたちと実践した様子についての紹介です。

事例1．自然学校キッツ森のようちえん

　はじめに紹介するのは，主に宮城県と福島県で活動を行っている"自然学校キッツ森のようちえん"[1]（以後，キッツ）です。キッツは「森が教室・自然が先生」というコンセプトのもと，自然保育や野外教育を2004年から実践しています。主に週末や長期休暇を利用して実施している活動を紹介しながら，自然体験活動とテクノロジーとの関連について探求してみたいと思います。

▶▶▶活動① トレッキング
　キッツは，毎回の活動で1時間ほどのトレッキングを行っています。森の中を歩く子どもたちを注意深く見てみると，様々なモノを拾い，両手やポケット，帽子やリュックに宝物のように集めている姿をよく見ます。おそらく，森の中を歩く醍醐味は「発見すること」「遭遇すること」にあるのではないでしょうか。季節によって異なりますが，木の実，ウサギの糞，鳥の巣，セミの抜け殻，時にセミの脱皮する瞬間に遭遇することもあります。その他にも枝を拾って杖にしたり，水筒や脱いだ洋服をぶら下げてみたり，フキの葉っぱを傘にしてみたりと，ただ歩くという行為にこれだけの発見やおもしろさが潜んでいるのです。また，遭遇するという視点で見ていくと，空洞のある大木，不思議な形のツル，木登りに適した木，こぶしにそっくりな岩，滑り落ちそうなほどの坂道，クレソンやセリなどの山菜，キイチゴや桑の実，山ブドウやキノコ，雪の結晶や氷など，様々な出会いが待ち構えています。

ウサギの糞	緑の木の実	鳥の巣	大木と空洞
セミの抜け殻発見	丸太の輸送	ツルで遊ぶ	上り坂
枝の活用法	葉っぱの傘	木の実	登りたくなる木

こぶしの岩

　写真にもあるようにフキを傘に見立てる姿は全国共通でしょうし，リーフプリントでエコバックを作る活動などもよく行われています。素材として葉っぱを取り上げる際，第2章「葉っぱの科学」(p.16) は考える視点を与えてくれます。子どもの遊びや活動の中で，葉っぱの形状の不思議さ，より多くのエネルギーを集めるための工夫，栄養を作り運ぶ仕組みなど，葉っぱが持つテクノロジーについて子どもたちと一緒に考えてみるだけで，活動の躍動感と創造性が豊かになるのではないでしょうか。

　ところで，日本で一番多く拾われている自然物は，おそらくドングリでしょう。このドングリも，稲作が渡来する前は貴重な食料でした。その当時，縄文時代には灰汁抜きをする技術がすでに存在していたと言われています。それぞれの技術や知恵がいつ頃から始まったのかなど，歴史的な背景を探ったり，再現してみたりすることも非常に興味深いアクティビティになります。こうした生活に関するテクノロ

ジーの視点も，本書の第3章が参考になります。このように，森の散策で「発見したモノ」「遭遇したモノ」をもう一度，生物学・科学・物理学・数学・歴史学・地理学・地質学など様々な視点から見直してみませんか？

▶▶▶活動② 木登り

木登りは，世界共通で子どもに人気のある遊びです。木登り好きな子どもは，森の中を歩きながら，「登れそうな木はないか？」と常に目を光らせているものです。ここで事例を1つ。ある日，小学生の男児Kは，どうしても上りたい木に遭遇しました。いろいろと試行錯誤しながら木登りに挑戦しますが，どうしても枝分かれした枝に手がかかりません。Kはスタッフが集めている切り株のことを思い出し，重たい切り株を運び，やっとのことで枝に手をかけることができました。しかし，枝が高すぎて力が入りません。今度は，ロープをかけて登ることを考えましたが，近くにロープはありません。それでもあきらめないKは，ツルを探しに森へ行き，長いツルを手に入れました。ツルの端を持ってその反対を何度も枝の分かれ目に投げつけ，ようやくツルを枝にかけることができ，自分の体を手繰り寄せながら見事に登ることができたのです。

ツルをかける様子

チャレンジ成功!!

こうした，自然物を道具に見立てる想像力や応用力，失敗を繰り返してもあきらめない粘り強さ，改善しながら目的を達成するという場面が自然環境には豊富に存在します。また，この様子を見ていた他の子どもにとって，Kの姿は木を登るための方法と道具を駆使する知恵を得る契機となり，同時に自分にもできるかもしれないという挑戦の動機づけにもなっていることでしょう。

▶▶▶活動③ 畑

キッツでは，ちびっこファームと称して小さな畑で作物を育てています。農業専門のスタッフがいるわけではないため，春は荒れた畑を耕すところから子どもたちと行います。時間はかかりますが，鍬を持ち大人や高学年のやっている姿を真似ながら畑を耕し，草を抜き，シートを張り，種芋を半分に切り，灰を付けて植えていきます。耕運機があれば30分で終わりそうな作業もすべて人力で行います。クタクタ

畑を耕している様子

種芋を運ぶ様子

に疲れるこの作業も、終わってみれば、子どもたちの表情は満足気です。例年、収穫して焼き芋にしたり、カレーライスを作って食べたりすることが最終的なゴールとなっています。こうした食育活動の一環として行われる農業体験の中にも、テクノロジーの視点が豊富に存在します。この作物を育てる過程で、どのような条件が必要なのか、何が成長を妨げるのか、昔はどんな道具を使用していたのか、どんな道具があればもっと便利になるのかなど、子どもたちと作物が成長する様子を見ながら話し合ってみたいと思います。

植え付けも無事終了!!

▶▶▶活動④ たき火

　キッツの子どもたちにとって、最も人気のあるアクティビティがたき火です。普段の活動でもキャンプでも、雨でも雪でもたき火を楽しんでいます。本書の第5章では、火を使ったアクティビティを取り上げています。日本では飯ごう炊飯がキャンプなどでよく行われますが、キッツでは1人1つ飯ごうが渡され、3泊4日のご飯をすべて自分で炊くキャンプもあります。火力をあげるためにはどうすればよいのか、長持ちさせるためにはどんな薪がよいのか、雨の日にはどうしたらよいのか、火事にならないための配慮は何か、直火では生物にどんな影響があるのか、またどうすべきかなど、たき火の技術は奥深く、子どもだけでなく大人も魅了されます。しかし、現代ではオール電化が普及し、火は身近なものではなくなりつつあります。だからこそ、現代において火にはどのような価値があるのかについて話し合ってみることも、おもしろいアクティビティになるのではないでしょうか。

薪の組み方を研究中　　雨の火起こし　　　楽しみとしてのたき火　　キャンドルの火を使って

▶▶▶活動⑤ 水

　たき火と同じくらい子どもに人気があるのが水のアクティビティです。釣りやシュノーケリング、シャワークライミングやキャニオニング、水生昆虫や金（キラキラしたモノ）探し、川渡りや石を積み上げるケルン、カヌーやラフティングなど、どれをとっても楽しくて気持ちのよい活動です。また、リスクや怖さを乗り越えた

満足感や達成感を体感する場面も多いのです。一方，本書の第4章を参考にしながらテクノロジーの視点で水のアクティビティを見直してみると，新たな教育的意義に気づくことができます。例えば，カヌーの「浮力」は物理学に関連し，シャワートレッキングで感じる水流に焦点を当てると，「水力エネルギー」や「水車」の仕組みを考えることにもつながります。また，水はどこから来るのか，どうやってできるのかなどの視点は，気象学や防災教育などに関連し，水のアクティビティを体験しながら応用的に学ぶことができます。

金さがしの様子　　カヌーの様子

▶▶▶活動⑥ 作る活動「秘密基地づくり」

キッツでは，季節に応じて何かを作る・組み立てる活動を大切にしています。例えば，新緑の季節には自然物を利用しての秘密基地づくり，冬にはイグルーづくりなどです。秘密基地づくりは，あらかじめ素材が用意されているわけではなく，ノコギリと麻ひもが渡される程度です。基地を作る場所の選定を行い，素材を拾いにいくところから始めます。素材は主に倒木や枝，葉っぱですが，形や材質，長さも太さも重さもすべて異なります。集めてきた素材を見て基地のデザインについて子どもどうしで話し合い，協力して円錐状に組み立てていきます。バランスが悪ければ崩壊するため，数学的な感覚を研ぎ澄ませながら失敗を繰り返して組み立てていきます。

また，同じ作る活動でも冬になると，おもしろさや学びが異なります。例えば，そりやゴムチューブ遊びでは，コースづくりから始めます。足で踏み固めたり，乗り越えそうなところに壁を作ったりと，オリジナルのコースが森の中にいくつもできます。また，冬のキャンプでは，数人のグループで役割分担をしながらイグルーを作ります。この活動では，泊まる人数の空間を実際に計測します。必要以上に大きくすると，積み上げるブロックの数が増え，その日のうちに完成できないことも

秘密基地　　住空間の計測　　完成したイグルー

あるのです。このブロックは積雪量が多ければ，雪を踏み固めてスノーソー（雪用のノコギリ）を利用して切り出しますが，少ないときは雪の溜まった場所で，箱に雪を入れて踏み固めてブロックを作ります。湿度や気温によって重さや強度が変わります。螺旋状に積み上げていく行程では，立体的にブロックを捉え，両端がしっかりと接地するように削りながら積んでいきます。その様子は，まるで職人のようです。

野外教育の指導を20年近く実践してきた筆者にとって，本書は大変意義のあるものでした。近年，STEM教育が注目され，その一環としてブロックを使用した理想の家づくりやロボットづくりなどが行われています。野外での活動やエピソードと照らし合わせながら本書を読み進めていくと，アウトドアという環境は，より複雑でかつリアルにScience（科学）・Technology（技術）・Engineering（工学）・Mathematics（数学）を捉えることができることに気づきました。その可能性は，今後，さらに広がっていくのではないかと期待しています。

事例2．おのまちわかばたんけんたい

日本は，国土の約3分の2が森林で覆われ，流氷からサンゴまでを有する世界有数の自然環境が豊かな国といえます。しかし，近年の急速な都市化により人と自然との関わりが希薄化し，いつしか自然は非日常として認識されるようになりました。このことは自然環境が豊かな地方においても同様で，地方の子どもが自然を感じ，自然を活用した遊びをしているかと言えば，決してそうではありません。最近では，むしろ都会の子どもやその保護者のほうが自然への憧れやその価値を認識しているように思います。

このような背景から，次に紹介するのは，福島県田村郡小野町立小野わかば幼稚園で1年を通して取り組んでいる自然保育の実践です。特に，地方の自然環境や歴史遺産など潜在的な価値としてのランドスケープをどのように教育や保育活動に活かしていくかという視点で紹介していきます。

▶▶▶活動の概要

この活動の趣旨は，小野町の優れた自然環境を活用し自然の持つ教育力を活かした取り組みを行うこと，歴史的遺産を活かした取り組みを行うこと，地元の名産や農産物など食文化に触れる取り組みを行うことを通して，子どもたちが小野町のすばらしさを体験しながら理解することを目標にしています。

筆者は2016年4月から外部講師としてプランニングと実地踏査，当日の指導を担い，3年目を迎えました。対象は小野わかば幼稚園の園児で年中・年長併せて約40名です。実施頻度は月1回年7回で，活動時間は移動時間を含めておおよそ9

～13時の4時間です。幼稚園から活動場所までの移動手段は，町の協力によりスクールバスを活用することができました。特徴としては，活動に「テーマ」を設定している点です。そうすることで活動場所や活動内の選定がしやすくなります。本事例では「たんけん」をテーマに活動しているため，冒険やチャレンジの要素が子どもたちに浸透し，通常保育においても子どもたちが主体的に挑戦できるよう職員も工夫しています。

▶▶▶自然保育の場としてのランドスケープ

　筆者が年間で自然保育を計画する際に，どのような場所をどのような条件で選んでいるのかについて，いくつかあげてみたいと思います。

- 園や施設から車で30分以内の場所にある。最大でも60分以内であること。
- 活動場所にトイレ・水飲み場，雨でも活動できるスペースがある。
- 1～2キロメートルのトレッキングコースか林道がある。
- 川，池，湖，海など水と触れ合うことができる。
- 植生が豊かで，雑木林がある。
- 昆虫や野生の動物が棲んでいる。
- 歴史的遺産等がある。

　以上の条件は，1つの場所にすべてを求めているわけではありません。年間を通して活動するメリットは，いくつかの場所を選定し，活動する内容や季節の条件によって使い分けることができる点にあります。

　本事例では，5つの場所を利用していますが，いずれにしても十分な下見と実地踏査を行い，その場所の特徴を知った上でリスクマネジメントを徹底しています。以下に活動場所，活動内容を紹介します。

▶▶▶活動内容
◆第1回　自然あそび「生き物・植物と触れ合おう」
　　　　　場所：緑とのふれあいの森公園★2

　第1回の活動は，緑とのふれあいの森公園で実施しました。この公園は，アウトドアのスペースや炊事場，池やトレッキングコースなどを備え，自然保育に適した公園です。はじめに「自分のことは自分でするべし」「自分のからだは，自分で守るべし！」という「たんけんたいの心得」を確認します。どうやって自分の身体を守るのかについては，毎回，蜂・ヘビ・ウルシ等についてパネルを見せながら確認しています。メインの活動では「たんけんビンゴ」を行いました。それぞれにビン

ゴの課題を探す中，数人の子どもたちがU字溝に集まっています。のぞいてみると，そこにはたくさんのオタマジャクシがいました。1人の男の子が捕まえると，いっせいにオタマジャクシ捕りが始まりました。問題は，捕まえたオタマジャクシをどうするかです。逃がすべきか，それとも園に持ち帰って育てるべきか。話し合いの結果，数匹だけ持ち帰り育てることになりました。豊かな自然や生き物との遭遇から，好奇心・命の大切さ・そして責任など，深い学びの場面に直面した活動となりました。

たんけんビンゴ

オタマジャクシを探す様子

氷をゲット

　この緑とのふれあいの森公園は，第6回「秋の味覚と焚火を楽しもう！」では野外炊飯を実施し，最終回の第7回「冬の自然を楽しもう！」では，氷や雪と触れ合う遊び，冬の森探検などを実施することができました。こうした地元の自然公園を活用したり，見直してみたりすることで自然保育における活動の幅が広がります。

◆第2回 「地図を見ながら探検しよう！」
　　　　場所：東堂山★3 ―緑とのふれあいの森公園―

　第2回の活動は，小野町の名所である東堂山から緑とのふれあいの森公園へ約2キロメートルのトレッキングです。石になったキビタン（福島県のマスコット）から挑戦状と地図を受け取り，探検が始まりました。羅漢様の前をドキドキしながら通り過ぎ，地図を確認しながら森の中へ進んでいきます。大きな岩，根っこの小道，急な登り坂が子どもたちを待ち構えています。ツルを見て「木にヘビが絡まっている！」，木漏れ日を見て「光の入り口だ！」とつぶやく，「転ばない，自分で登る」と必死に歩く姿なども見られました。最後の登り坂を超え，ゴールした際のさわやかで満足気な表情は，出発する前より一回り大きく成長したように見えました。豊かな自然環境が子どもたちの底力と豊かな感性を引き出してくれました。

東堂山にて

森の中の子どもたち

◆第3回　自然散策「宝ものさがし・昆虫・生き物編」
　　　　場所：夏井川河川敷★4

沢登り

　第3回の活動は，千本桜で有名な夏井川で沢遊びと昆虫探索を行いました。前半は，年長組が川原で昆虫採集。順調にカタツムリ，カエル，トンボ，ナナフシ，蝶々とたくさんの生き物に遭遇し，川の淵まで行って小魚も捕まえました。一方，年中組はライフジャケットを着て恐る恐る川に足を踏み入れます。濡れる洋服と靴に戸惑う子，怖さを感じる子もいます。砂利と流れに足をとられながらも，お友達と手を繋ぎバランスをとって進んでいきます。少しずつ怖さを乗り越え，流れに負けずにゴー

沢遊び

ルへ辿り着いた子どもたちの表情は，何とも言えない満足気な様子でした。昨年経験している年長児は，はじめから全力で沢登りと沢遊びを満喫していました。川を通して，全身で自然を感じることができた1日となりました。

◆第4回　「高柴山大冒険」
　　　　場所：県立自然公園高柴山★5

　第4回の活動は，高柴山登山です。登山といっても片道約1キロメートルの軽登山です。しかし，天候はあいにくの雨。小雨が降る中，実施するのかしないのか，子どもたちも保護者のみなさんもハラハラしていたようです。子どもたちが到着す前に頂上まで登り，コースの安全と天気を確認して実施することにしました。登山口に到着した子どもたちは，思いのほか不安な様子もなく，やる気に満ちています。どうやら，この日のためにマラソンなどで体力をつけて，頂上まで登る準備をしてきたようです。カッパを着た子どもたちは，「エイエイ・オー」の掛け声で元気よく出発し，普段とは違う自然の景色を楽しみながら，無事に全員が山頂まで登ることができました。霧の中の登山は，きっと子どもたちの心の中に深く記憶されたのではないかと思います。

高柴山登山

頂上にて記念撮影

諏訪神社の巨木

◆第5回 「小野町の魅力と絶景ポイントを探そう」
　　　　場所：諏訪神社・小峰遊歩道★6

　第5回の活動は，諏訪小峰遊歩道の探検です。今回は年長さんがうれしそうに手を振りながら電車に乗ってやってきました。普段はスクールバスで移動しますが，この日は活動場所の近くに駅があることから，電車に乗ってやってきました。台風の直後で，どんぐりや小枝がたくさん落ち，ポケットいっぱいに宝物を集める子どもたち。途中で小枝をほうきに見立てて掃除を始めるなど，子どもの想像力は本当に豊かです。展望台に到着すると，夏に沢遊びを楽しんだ夏井川に向かって，みんなで「ヤッホー」と叫びました。その後，拾ったどんぐりに顔を書き，キーホルダーづくりを楽しみました。お弁当を食べ終え，次に向かうは探検のゴール，諏訪神社です。到着して間もなく「翁スギ・媼スギ」に圧倒され，みんなでその大きさを計測してきました。今回も小野町の歴史・魅力を満喫した1日となりました。

　今回紹介した「おのまちわかばたんけんたい」は，町全体を保育環境と捉え，その文化や価値，自然環境などを教育材として活用した事例です。自然体験活動は，一度だけの単発的な取り組みになりがちですが，地元のランドスケープを最大限に活用し，保育者の関わりや工夫により通常保育や園庭へと活動が広がり，学びの連続性や発展性に至ることができたという点では，参考になる事例ではないでしょうか。

▶▶▶職員の感想

　「小野町の豊かな自然環境を子どもたちと味わいたい」。この思いからスタートした「たんけんたい」の活動は，毎回ドキドキワクワクの連続でした。東堂山の遊歩道，まきを集め炊いたご飯のおいしさ，どれも園生活ではできない貴重な体験でした。「なんか，たのしい！」子どもたちの言葉にならない心の感動が1人ひとりをたくましくしてくれました。できないことがあると「先生やって」と言っていた子どもたちでしたが，「自分のことは自分でできる！」と意欲的に生活できるようになりました。また「宝物」を見つけたり，花の名前を調べたり，今まで何気なく遊んでいた園庭が子どもたちをワクワクさせる場所に変わりました。自然についての知識だけでなく，友達を思いやる気持ち，話を聞こうとする姿勢，やってみようとする心が育ったように思います。自分でやり遂げられた経験が1つ1つ積み重なり，子どもたちの大きな自信へとつながりました。子どもたちだけでなく，私たち職員も，心に眠っていた様々な思いが，湧き出てくる「たんけんたい」でした。

事例３．Ａ型の橋で川を渡る！

　ここでは，本書第４章で紹介されているアクティビティに挑戦し，その際の様子と感想について紹介していきます。

　夏休みキャンプ中の３人の子どもたちに「明日, 作りたいものがあるのだけれど」と持ち掛けてみました。「なになに？」と子どもたちは興味津々の様子です。「橋を作りたいのだけれど, 協力してくれる？」と伝えます。「えっ, 橋？」と一瞬止まりましたが，「そう, しっかりした橋は１日じゃ作れないから, Ａ型の橋を作りたいの」と伝えます。「Ａ型の橋？」と聞き慣れない言葉にさらに興味が湧いている様子です。橋も船もなかった大昔に川を渡っていたかもしれない方法であることを伝え，本書の「Ａ型の橋」の挿絵を見せました。いっせいに「おもしろそう」という言葉が３人から飛び出し, 前日の夜に作戦会議が始まりました。まずは, 道具の確認です。ロープ, ノコギリ, 軍手, ヘルメット, 森で調達する３メートル程度の長い木を２本と１メートル程度の木を１本。

図１　今から挑戦

　次に, 手順の確認です。森へ行き, 手分けをして長い木を２本と短い木を１本探します。「あまり細いと折れるかもしれない, でも太すぎると重くて運べないかもしれない」など,創造力を駆使しながら話し合いが白熱します。次にノコギリで長さを調整し, ロープで結びます。ロープで固定したら川へ運び, 川の中心に長い２本を固定させます。ロープでバランスをとれば渡れるはずというイメージは完璧でした。ここで前日の作戦会議は終了です。

図２　ノコギリでバランス調整

　さて, 当日の朝, やる気に満ちた３人（図１）が外で待っています。さっそく, 河原へ移動し, 程度の良い木を探します。20分ほどかけて長さと太さがおおむね同じくらいの木を調達し, ノコギリでバランスを整え（図２）, ロープで固定しました。向かって右側の結び目は, 筆者が見本（図３）を示し, 左側（図４）と上部は子どもたちが試行錯誤しながら固定しました。最後に長いロープをかけて完成（図５）です。さっそく, 完成した橋を河原へ運搬（図６）します。作戦会議で話し合った通り, 長い２本の木を川の真ん中に固定し, 滑らないかを試してから乗ってみました（図７）。思いのほか安定しており, 無事渡りきることができました（図９）。その後, 小学１年生の男

図３　結び方の見本

図４　試行錯誤しながらの固定

図5　A型橋の完成

図6　完成した橋を運搬

図7　2本の木を固定して乗ってみた

図8　安定

図9　無事渡りきれた

図10　小学2年生も挑戦

図11　満足げな様子

図12　着地の瞬間は少し緊張します

図13　着地成功

　の子も恐怖心なく渡ることができました。むしろ，スリリングな要素もあり，嬉しそうに何度もA型の橋を楽しんでいました（図10～13）。

　実際に，A型の橋に挑戦し，子どもも大人も楽しんでき取り組むことができました。特に前日の作戦会議は，様々なアイディアや対話が生まれ，子どもたちの創造力が発揮される場面が多々あり，モチベーションを高めるきっかけとなっていました。活動自体も2時間程度で終了することができ，特別な道具を使用せずに達成感を得ることができる活動となりました。

　注意すべき点としては，渡る川の幅によっては，高さが必要となるため危険度が増します。岩場であればヘルメットの準備や流れの速い川では，万が一に備えライフジャケットの着用が必要な場合もあると思います。また，A型の橋をコントロールする長いロープは，対象によって大人が担当したり見本を見せるなど，十分に注意して行う必要があります。また，子どもだけでは力が足りない場合や，ふざけてしまう場面があるかもしれません。大人の目の届く範囲で実施するなど，十分なリスクマネジメントが必要であるように感じました。

こうした生活におけるテクノロジーの歴史に着目し，その役割や効果について体験的に学習することで，古来より受け継がれる人間の知恵やその当時の苦労に気づくと同時に，近代におけるテクノロジーの進化を実感するきっかけになるのではないでしょうか。

【注】
- ★1　自然学校キッツ森のようちえん：2004 年から宮城県・福島県を拠点に活動している団体
  https://www.kits-no-mori.com/
- ★2　緑とのふれあいの森公園
  http://www.town.ono.fukushima.jp/soshiki/7/hureai-park.html
- ★3　東堂山満福寺：小野町の標高 659 メートルの東堂山の中腹に建つ満福寺。史跡名勝天然記念物に指定されている杉並木の表参道を抜けると，巨大な自然石の上に建つ近世木造建築の粋を集めた鐘楼にたどり着く。境内奥には昭和 60 年から奉安が始まった 430 体以上の個性あふれる羅漢様を見ることができる。
  http://www.tif.ne.jp/jp/spot/
- ★4　夏井川：夏井川は，福島県東部の阿武隈山地中央部に源を発し，西流して小野町夏井地区で南東に向きを変え，いわき市北部を横断し太平洋に注いでいる 67.1 キロメートルの 2 級河川です。「わたしたちの郷土を美しい桜の里に，そしてこの桜のもとに郷土の和合を」との願いを込め，夏井地区，南田原井地区の方々が夏井川の両岸 5 キロメートルにわたり，ソメイヨシノの苗木 1,000 本を植樹したのが，今日の夏井千本桜です。県内外から多くの人が訪れています。
  http://www.town.ono.fukushima.jp/soshiki/7/sakura-natsui.html
- ★5　県立氏自然公園高柴山：標高 884 メートル。毎年 5 月下旬に，約 3 万株のヤマツツジが咲き競う名スポット。登山口は，浮金登山口（小野町）・牧野登山口（田村市大越町）・門沢登山口（田村市船引町）があり，それぞれ 30 分ほどで山頂にたどり着けます。
  http://www.town.ono.fukushima.jp/soshiki/7/mt-takashiba.html
- ★6　諏訪神社の爺スギ媼スギ：坂上田村麻呂に従って下向してきた藤原継縄（つぐただ）公が，戦勝を祈願して手植したと伝わる樹齢およそ 1200 年の鳥居杉（翁媼杉）がある。損傷もなく肩を寄せ合うようにしてそびえ立つ姿は，大変珍しいものとされている。（国天然記念物・ふくしま緑の百景）
  http://www.tif.ne.jp/jp/spot/

4 考える力を育む 森のこども園のアウトドア保育

齋藤 彰子

　宮城学院女子大学附属認定こども園 森のこども園（以下，森のこども園）は自然環境に恵まれ，北欧のアウトドア保育をヒントに自然を生かした保育を実践しています。
　ここでは，森のこども園のアウトドア保育について，詳しく紹介していきます。

森のこども園の自然環境

　森のこども園には，子どもが主体的に遊びや活動を選択する「好きな遊び」の時間，クラスの友達と集い，仲間と同じ活動に取り組む「みんなでする活動」の時間があります。登降園と食事以外の時間は，特に定められていません。「好きな遊び」の時間をゆったりとることもありますし，みんなで遊歩道探検に行く等

冬の森での遊び

の目的があれば，登園後すぐに「みんなでする活動」の時間になることもあります。これは「遊びから学ぶ」という考えが根底にあり，子どもたちの遊びの中での探究や追求を妨げないため，またそれを各担任の先生が適切に判断して保育を展開するためです。
　園舎の周囲の森には，街中や公園や道端では見ることのない山野草や樹木があり，時々姿を見せるリスや野ウサギもいます。森の奥は丸田沢の湖畔につながっており，白鳥をはじめとする水鳥たちや多種の野鳥がさえずり，子どもたちを楽しませてくれます。森ではカブトムシやクワガタ等，子どもたちが大好きな甲虫が見つかります。芝生の園庭では，子どもたちと一緒に，たくさんのバッタが跳ね回っています。

木々の芽吹きを見る

時折，湖畔からカメも出没します。

　森のこども園は幼稚園から移行する形で，2016年11月に幼保連携型認定こども園としてのあゆみをスタートしました。現在の新園舎に移転し，同じキャンパス内ですが，より豊かな自然環境に近づきました。それと同時に0〜2歳児を新たに迎え，生後4か月から就学までの子どもたちが通う施設となりました。教職員も幼稚園時代から継承する「3つの心（？不思議に感じる心・！感動する心・♡思いやりの心）を育む保育」を豊かな自然の中で実践できることに大きな期待を持ってのスタートとなりました。

　移転から現在まで，新たな環境での遊びを試行錯誤する中で，先生たちは，森での新たな発見や驚き，そしてあらゆる「はじめて」を子どもたちとともに探求するおもしろさに感動の毎日が続いています。今では，子どもたちも先生たちも自然とともにある生活にすっかり慣れました。しかし，感動は薄れていくことがありません。「はじめて」の感動は少なくなっていくかと思いきや，自然は1日として同じ状態はないのです。同じ季節が廻（めぐ）ってきてもその中で新たな発見を与えてくれます。自然は本園の目指す「？」「！」「♡」3つの心を育むために一番大切な保育環境なのだと改めて実感する日々です。

自然の魅力・自然の不思議

　4月。新入園児を迎えてにぎやかな時期です。本園でも登園時に不安な表情をした子どもの姿を見かけることがあります。この時期，子どもたちの不安をどのように解消すべきかと案を練り，先生たちの温かいスキンシップや園の環境構成に配慮して，子どもたちを迎える準備をします。新学期は，安全に配慮して

森に散歩に来た1歳児と迎える5歳児

「新入園児が園生活に慣れるまで戸外での遊びを控える」という園もあると聞きますが，本園の考え方はそれとは真逆です。0歳児であっても3歳児であっても新入園児こそ，戸外での遊びに誘い，先生たちと一緒に自然を感じる活動を取り入れます。

　本園の園庭は自然林に囲まれた芝生の広場です。固定遊具は何ひとつありません。目の前に広がるのは緑と空。春の青空はひときわ美しく，温かい風が心地よく子ど

森を探索する1歳児

もたちを包んでくれます。それを感じるとどんなに大泣きしていた0歳児もピタッと泣き止み,にこにこと草花に触れてみたり,先生と顔を見合わせみたりして「たのしいね」と言わんばかりに笑顔になるのです。

　少し先輩の1歳児は,まだ足元のおぼつかない子もいて,散歩車で出かけることが多くなります。散歩車で行く先は園庭に隣接した森の中です。森に入ると「薄暗さが怖い」と感じる子もいますが,慣れてくると視界が広がり,散歩車から降りたがります。そして「わー」「うわー」と声をあげたり,指さしをしたりしながら探索遊びが始まるのです。先ほどまでの不安はどこへやら……。こども園の生活に慣れるために,自然環境は子どもたちのとても大きな支えとなっているのです。

　3～5歳児では,遊びのフィールドが園庭から森の中に移ります。自然物や生き物との出会いに心をときめかせ,誰もが大発見をねらっているのです。「せんせいみてて!!」の声が多い3歳児。「こんなのみつけたよ」と仲間と自慢し合う4歳児。どこに何があるかを熟知し,その中で新たな発見がないかと探索に励む5歳児。興味の度合いは様々ですが,子どもたちが見つけてくる不思議やそこから派生する探求はとてもおもしろいものです。

倒木を乗り物に見立てて遊ぶ3歳児

「知ることは楽しい」「知ったことは伝えたい」

　午睡明けの時間,3～5歳児保育を担当している先生が,子どもたちと一緒に見つけたものを「地図」にまとめました。はじめは先生が写真を貼ったり,図鑑で調べたことを書き込んだりしていましたが,次第に「せんせい,これもはって」「あたらしいのみつけた」と関わる子どもたちが増え,この「地図作り」は午後の遊びの中心になりました。

　午睡明けの時間は子どもたちの半数が帰宅してしまうため,残った子どもたちは少し寂しさを感じる時間帯です。そのような状況で,なかなか遊びに乗り切れない子もいます。5歳児のA男もその1人です。午睡からの目覚めも悪く,その後の

生活も他児のペースに合わせることが難しい様子でした。午後は友達との関わりもうまくいかないことが多々ありました。このA男が「地図作り」の中心人物になり，午後の時間の過ごし方が一変しました。

　A男は虫を見つけるのが得意で，それを先生と一緒に「地図」に書き足していくことがとても楽しかったのです。さらに，地図に添える説明書きの情報を得るために，図鑑を読み込む必要がありました。その成果として平仮名，カタカナを覚え，すらすらと読み上げるまでになりました。「地図作り」を通して，友達との関わりもスムーズになり，A男の体験に基づく知識が他児からも認められ，「Aくんはあたまがいい」「なんでもしっている」と一目置かれる存在になっていきました。

　担当の先生は「Aくんはとても落ち着いた」と喜びました。また「子どもたちの発見がおもしろい」「これまでこんなに図鑑を読むのが楽しいと思ったことがなかった」と言い，嬉々として教材研究をしていました。このような先生の心持ちも，子どもたちの心を育む大切な保育者の資質の1つといえるでしょう。

230とはどんな数か

　4歳児クラスに栄養士からある課題が投げかけられました。「椿餅をつくるので，椿の葉っぱを230枚集めてきてください」という課題です。子どもたちはまずその数字に驚きました。「えーっ?!」「230ってどれくらい？」と検討もつかないといった反応だったため，先生は子どもたちと一緒に数を唱えながらホワイトボードに230の「○」を描いて見せました。それでも，その「○」の多さに「こんなにあつめるなんてむりだ」と途方にくれる子も多かったため，「29人いるから……1人8枚集めてくれば230枚より多くなるよ」と先生が計算して，数を示しました。そうすることで「それならできそう」と意欲を持って森に出かけることになりました。

出来上がった椿餅

テーブルに並べた椿の葉

　図鑑と比較しながら，一致する椿の木を見つけると，虫食いのないきれいな葉を1人8枚採取しました。慎重に選ぶためにたった8枚でも子どもたちには大変な作業でした。

　採取した葉を持ち帰り，テーブルに並べてみると，テーブル1台では230枚が並べきれません。「すごい，まだまだある!!」とその量に驚きながら，「で

きた」という達成感を味わいました。

　ここで子どもたちが経験したのは「230」という数の大きさです。小さな数もたくさん集まれば想像を超えるような数になるということがわかり，また，230という数を椿の葉で感じることができました。そして，たくさん採ってきたはずなのに，椿の木にはまだまだ葉がついているということに気がついた子もいました。1本の木にはいったいどれだけの葉がついているのでしょうか。新たな興味がわきました。

問いや仮説を立てて深く考える

　森のこども園の生活には，自然との出会いがきっかけになり，興味・関心をかきたてられた子どもたちの中に「問い」や「仮説」が生じることがあります。例えば「どうしてここにドングリがおちていたのか」という問いに対し，「きからおちた？」「どうぶつがはこんできたのかも？」と想像がふくらみ，遊びが発展していくことがあります。次に紹介するのは，その事例です。

　秋になると，森に隣接する野外炊飯場で煮炊きをする機会が増えます。園の畑で収穫したジャガイモを茹でて青空のもとで食べたことは，子どもたちにとって大変楽しい経験でした。その後日，かまどに残った薪の灰と炭が子どもたちの目に止まり，格好の遊びの材料になりました。

　4歳児のB子はすりばちで炭をすりつぶして水を注ぎ入れ，その黒い色水を「まじょのくすり」に見立てて遊びました。C男は「くすり」に光が差すと表面がラメのように輝くことを発見しました。キラキラ輝く黒い「くすり」が，子どもたちにとってとても魅力的に見え，瞬く間に同じ遊びをする仲間が増えました。

炭で「まじょのくすり」作り

　そんな折に「まだ残っているジャガイモをどうするか？」という相談があり，スープ作りをすることになりました。C男は先生と一緒に火の番をしながら「なべがくろくなってる」と鍋底の色の変化に気がついていました。

　無事にスープが出来て食事が終わり，先生が洗い場に鍋を運んでいると，C男とD男が後を追うようについてきて「じ

鍋底を洗う

ぶんたちであらってみたい」とせがみました。そして鍋を受け取ると，洗い場に座り込んで鍋にこびりついた煤に水をかけながら手とタワシでこすりました。「やっぱり!!」「でた!『まじょのくすり』!!」と黒い水が流れる様子を見て大喜びでした。2人は，鍋底の煤が炭と同じ性質を持つのではないかと仮説を持っていたに違いありません。そして，実証するために鍋を自ら洗うという行動をとったのでしょう。

　自然は子どもたちにたくさんの「？」を投げかけます。その「？」はその場限りの場合もあれば，深く追求していくことが楽しくなることもあります。自分たちで立てた仮説が納得する形で証明できたとき，子どもたちは感動とともに達成感や自己肯定感，さらには友達との共感の喜びを味わいます。さらには次の問いや仮説が生まれ，遊びからより深く考える力を獲得するのです。

見ようとしなければ見えないもの……未知の世界に触れる

土の中の生き物を探し，ピンセットで採取する

　子どもたちが森で遊び始めた頃は，出会うものすべてが未知の世界でした。偶然の出会いが積み重なって，子ども自らが発見することもありますが，子どもだけでは気づくことができない世界もあります。森のこども園では，子どもたちが普段見過ごしてしまうような世界に出会えるように，子どもの気づきを引き出す活動を取り入れています。

　4，5歳児は仙台市環境共生課（FEEL Sendai）が実施している「杜々かんきょうレスキュー隊 環境学習プログラム」に参加します。このプログラムは園に講師が派遣され，子どもたちに新しい遊びや気づきを提供してくれるとても貴重な機会です。2018年度，5歳児は「のぞいてみよう にぎやかな土の世界」というプログラムに参加しました。

　活動は，落ち葉があるところから土を採取し，ふるいにかけ，細かな土の中からもぞもぞと動く小さな生き物を発見するというものです。見たこともない小さな虫をピンセットで捕まえて，シャーレに採集します。シャーレを虫眼鏡でのぞくと，多種の小さな生き物が蠢きます。「つちのなかにこんなにたくさんいたんだ」「ちいさいけどぴょこぴょこうごい

シャーレに採取した「分解者」

てる」と「！」の感動がたくさんありました。そして，本物の実験道具であるシャーレやピンセットを1人ずつ与えられ，使わせてもらえたことが喜びとなり，1人ひとりが集中して取り組みました。中には，じっくり見ようとするあまり，テーブルに乗りかかってしまう子もいたほどです。

　子どもたちが発見した土の中の生き物は「分解者」といい，落ち葉や動物の死骸等を食べて分解し，土をつくっているのだということを知りました。

　未知の世界に触れることは，子どもの興味が広がる可能性を秘めています。子どもたちがこれまで気づかなかった世界に足を踏み入れると，そこには小さな生き物が生活していることがわかり，新しい世界への興味・関心がふくらみます。

収集し比較・分類する

　森の入口で動物の頭蓋骨を見つけた5歳児の事例です。「何の骨だろう」と考えた末，遠足で行った動物園の飼育員さんに見せたところ，タヌキの骨であることがわかりました。遊歩道に入り，他にも骨はないかと探しながら歩くと，細い関節部分のような骨や棒状の骨など，立て続けに見つかり，骨を探すことがクラス全体の遊びの中心になりました。

発見したタヌキの頭蓋骨

　「何の骨か？」という疑問に対しては，園にある図鑑では解決できず，先生が用意した専門的な図鑑を使って調べました。実物と図鑑を比較して同じものが見つかると，クラス全員から賞賛されるほどの大手柄です。図鑑を見ながら，様々な動物に骨があることを知ると，反対に骨がない動物もいるということに気がつくようになりました。

　子どもたちの興味は「何の骨か？」というところから「骨がある動物」と「骨がない動物」に分類して表にすることへと移っていきます。中には分類が難しいものもありました。タコやカニはその一例です。そこで，子どもたちが先生と一緒に考え出した方法は，骨を集めることでした。

　翌日から，子どもたちは「ししゃものほね」「ちきんのほね」「なめたがれいのほね」等，家庭で食べた後に出て

骨に触れながら図鑑と比較する

きた骨を持って登園するようになりました。そして，自信を持って表の「ある」の欄に記入していきます。子どもたちが持ち寄った骨はどんどん増えて保育室はまるで骨の博物館のようになりました。そして，その骨と図鑑を比べて観察していくと「ちきんのほねはだいたいこつ（大腿骨）だった」といったことまで子どもたちで発見できるようになりました。

　子どもたちは，森の中で収集することが大好きです。小さい子どもたちはただ集めるだけで「いっぱい！」という満足感を得ます。思考の発達とともに，収集した物の共通点や相似点，相違点に気がつきます。「おなじ」「にているけどちょっとちがう」「ちがう」と見比べているうちに分類が始まり，種類や生態に関心が広がっていくのです。自然は，子どもたちに考えるきっかけ「？」をたくさん与えてくれます。

****

　森のこども園は新しい環境に移って2年です。新たな環境でのカリキュラム開発はまだ完成というところまでは至っていません。しかし，幼稚園であったころから大切にしてきた「遊びから学ぶ」が，現在は「遊びからよりよく学ぶ」という保育になっています。「？」「！」「♡」の3つの心を育む教育理念は，自然とともに過ごすこの環境と相まって，子どもたちと先生たちがともに探究していく中で，どんどん新たなプロジェクトを生み出す糧となっているように思います。カリキュラムの中に明確に位置づけられてはいませんが，平成30年施行の認定こども園教育・保育要領にある「幼児期の終わりまでに育ってほしい10の姿」に匹敵する子どもたちの学びの姿が必然として生まれています。

　前述した5歳児の「骨」の実践の中で，子どもたちは観察したり図鑑を見て考えたりすることを「けんきゅう」と呼んでいました。「けんきゅう」は子どもたちにとって楽しい遊びでした。しかし，「どうしてもわからない」壁にぶつかり，遊びが停滞することもありました。その壁をどう打開していくか，もどかしさを感じながらも，壁を乗り越えた経験が考える力や学びの喜びにつながります。それこそが学びに大切なプロセスであると考えます。子どもたちが創造的な問題や課題に立ち向かうときに生まれる学びの芽生えこそ，STEM教育の礎になっていくのではないでしょうか。

おわりに

　本書の位置づけは，北欧スウェーデンのアウトドア教育の実践書です。同時に，本書の出版を通して，日本の保育実践を見つめ直し，乳幼児期における科学する心の育み方を新たに提案することを目指しました。

　北欧スウェーデンのアウトドア教育は，五感を使って経験することで，より深い学びにつなげようとする教育コンセプトです。保育者が様々な社会課題を取り上げ，子どもたちと問題解決に取り組む。その際，STEM の要素（サイエンス，テクノロジー，エンジニアリング，マセマティクス）を分けて考えるのではなく，社会課題を一体的に解決することに重きを置いた持続可能な教育方法です。

　以下に，持続可能な学びが起こる「未来の教室」をイメージしてみます。

北欧スウェーデンのアウトドア教育から見えてくる「未来の教室」のイメージ
- アウトドア教育は教育に発想と質の転換をもたらす（ウォーターフォール型からアジャイル型へ）
- 様々な社会課題に対応するには，様々な社会課題を経験できる仕組みが必要となる（インドア教育からアウトドア教育へ）

アウトドア教育で育つ心のイメージ
- 経験×経験＝インスピレーションが研ぎ澄まされる（五感を使ったアウトドア教育）
- 経験×インスピレーション＝生きた知識（生活の知恵）となる
- 経験×知恵＝生きる喜び（モチベーション教育）を生み出す
- 経験×スキル＝芽生え期のテクノロジー教育（ローテクからハイテクまで）

　本書の解説で取り上げた自然保育の実践事例は，芽生え期の思考力育成あるいは人格形成のヒントが盛り込まれています。「未来の教育」が，生活に密着した学びの場であると同時に，真の学びや持続可能な教育が展開される場であることを期待します。

　最後に，本書の出版にあたり，終始温かく見守ってくださった前野隆司教授（慶應義塾大学大学院システムデザイン・マネジメント研究科），SDM 研究科の皆様に深く感謝いたします。また，スウェーデン訪問の際には，アンディッシュ・シェパンスキー教授（Anders Szczepanski, Linköping university），アウトドア教育関係

者だけでなく，多くの関係者の皆様が日本からの訪問者を温かく迎え入れ，ご指導ご助言くださりました。ここに記して感謝申し上げます。

2019年2月

訳者を代表して

西浦　和樹

訳者・執筆者一覧

西浦　和樹（にしうら　かずき）
（編訳者）

序章・第1章・解説1

宮武　大和（みやたけ　やまと）
（札幌トモエ幼稚園）

第2章・解説2

柴田　卓（しばた　すぐる）
（郡山女子大学短期大学部）

第3章・第4章・解説3

柴田　千賀子（しばた　ちかこ）
（仙台大学体育学部）

第5章

池田　和浩（いけだ　かずひろ）
（尚絅学院大学総合人間科学部）

第6章

足立　智昭（あだち　ともあき）
（宮城学院女子大学教育学部）

第7章・第8章・第9章

齋藤　彰子（さいとう　しょうこ）
（宮城学院女子大学附属認定こども園　森のこども園）

解説4

編訳者紹介

西浦 和樹（にしうら かずき）

1971年　京都府に生まれる
2000年　広島大学大学院教育学研究科博士課程修了（博士［心理学］）
現　在　宮城学院女子大学学芸学部教授・同大学院健康栄養学研究科教授
　　　　慶應義塾大学大学院システムデザイン・マネジメント研究科訪問教授

【主著・論文】

教育心理学と実践活動：創造性教育の現状と創造的問題解決力の育成─教育ツール活用による人間関係構築の試み─　教育心理学年報, 50, 199-207. 2011年

アウトドア教授法による思考力の発達に関する教育心理学的研究　宮城学院女子大学発達科学研究, 12, 11-38. 2012年

【訳書】

創造的問題解決：なぜ問題が解決できないのか？（ブレア・ミラー，ジョナサン・ヴェハー，ロジャー・ファイアステイン［著］　弓野憲一［監訳］）（共訳）　北大路書房　2006年

北欧スウェーデン発 森の教室：生きる知恵と喜びを生み出すアウトドア教育（アンディッシュ・シェパンスキーら［著］）（共訳）　北大路書房　2016年

北欧 スウェーデン発
科学する心を育てるアウトドア活動事例集
― 五感を通して創造性を伸ばす ―

2019年3月20日	初版第1刷印刷	定価はカバーに
2019年3月30日	初版第1刷発行	表示してあります。

著　者　　C．ブ　レ　イ　ジ
編訳者　　西　浦　和　樹
発行所　　（株）北 大 路 書 房

〒 603-8303
京都市北区紫野十二坊町 12-8
電　話（075）431-0361（代）
FAX（075）431-9393
振替　01050-4-2083

©2019　　　　　　　　　　　　印刷・製本／（株）太洋社

検印省略　落丁・乱丁本はお取り替えいたします
ISBN978-4-7628-3055-6　Printed in Japan

・ JCOPY 〈(社)出版者著作権管理機構 委託出版物〉
本書の無断複写は著作権法上での例外を除き禁じられています。
複写される場合は，そのつど事前に，(社)出版者著作権管理機構
（電話 03-5244-5088, FAX 03-5244-5089, e-mail: info@jcopy.or.jp）
の許諾を得てください。